Benjamin von Wyl

GROSSWERDEN UND EINKNICKEN

verlag die brotsuppe

Benjamin von Wyl

GROSSWERDEN UND EINKNICKEN

Roman

verlag die brotsuppe

für Anna

Das Jahr, als ich es erfahren habe

Im See erheben sich zwei Inseln.

Ich frage Mami, ob die auf Stelzen stehen oder wie das eigentlich funktioniert, so kleine Inseln und in der Mitte vom See. Aber, aber, das ist die Anemonie des Wassers, antwortet Annina, einfach so dazwischen.

Habt ihr das noch nicht in der Schule gehabt?

Unser Mami dreht sich vom Vordersitz zu mir nach hinten, das Wasser hat eine Grundspannung, die dafür sorgt, dass alle Landmassen an Ort und Stelle schwimmen. Sonst würde Australien gegen Afrika knallen, und das passiert ja nicht.

So ist das.

Ich schaue wieder nach draussen, so ist das also, versuche zu sehen, ob man den Inseln etwas anmerkt, wie ein Kraftfeld oder so, was dafür sorgt, dass sie in der Mitte bleiben, aber ich sehe nichts, was einem zeigen könnte, dass sie in Spannung sind. Spannungen sind sowieso immer speziell, weil es gibt sie im Körper, auch in Filmen, zwischen Menschen oder auf Brücken. Die Inseln sind eher auf der anderen Seite vom See, was schon auch komisch ist.

Wieso hält sie eine Grundverspannung genau an der Stelle, die nicht die Seemitte ist?

Als ich mich nach den Inseln umdrehen müsste, schaue ich lieber der Schiene zu. Entlang der Strasse ist sie nah genug, dass sie Schlieren zieht, mir gefällt das. In diesen Farben sehe ich eine Bahn, Bahnen wie nicht von dieser Welt. Aus dem Radio tönt es nach dem, was man will. Weniar bigin Tschapan, tunäit, bigin Tschapan, bi täit, bigin Tschapan, ooh se Istärn siisoo bluu, bigin Tschapan. In meinem Kopf singe ich mit, aber nur in meinem Kopf, sonst ist es immer peinlich. Tschapan, das ist Englisch für Japan, und Japan schwimmt im Meer und da liegt Nagano, wo die Olympiade war.

Japan ist dort, wo man gerade durch die Erde durchkommt, auf der anderen Seite vom Planet, weil der eine Kugel ist. Worum es sonst im Lied geht, traue ich mich nicht zu fragen, weil ich weiss, dass Annina lacht, wenn sie hört, wie ich die Wörter sage. Ich würde schon fragen wollen, worum es geht, aber dann nicht so einen Vortrag wie mit den Inseln.

Ich höre weiter zu. Den Wörtern. Auf Englisch ist nie sicher, wo eines aufhört und was ein anderes ist. Dann höre ich meine Mutter, wie sie quietscht und kichert, sich richtig zusammenreissen muss, weil es immer mehr wird und sie am Fahren ist. Sie kichert und atmet schnell und lacht wieder laut auf. Die Lachanfälle meiner Mutter sind ein Fest. Ich sehe, wie Roman die Hand meiner Mutter nimmt, Monique, die Strasse! Roman macht mit seinen Händen was Nervöses in der Luft, er nervt fest. Wenn du dich so nicht unter Kontrolle hast, fahre lieber wieder ich. Sie schaut ihn böse an, er berührt ihren Oberschenkel, sie schauen sich anders an, ich weiss, wie unecht es ist, egal, was Mami weiss, sogar wenn Mami es nicht weiss, es ist gespielt wie in einem Film. Und dann ist das Lied vorbei.

Und ich weiss auch jetzt auch, was geschehen ist: Sie haben sich verbündet. Das ist schon mal passiert, als ich fragte, warum die Banane diese Form habe. Meine Schwester erzählt Sachen, die nicht stimmen und Mami macht mit und findet das unglaublich lustig, sie kann dann kaum mehr aufhören, sie kriegt keine Luft und lacht weiter. Sie können das machen, einfach, weil sie schon erwachsen sind. Aber Annina war auch erst grad ein Kind, und von Mami ist das besonders fies, weil Mami ist meine Mutter.

MAAAAMI!

Annina verschluckt sich erst, und dann fängt auch sie noch an zu lachen. Sie lachen beide, wie ein zweistimmiges Lied, Annina etwas tiefer, Mami höher und schneller, immer wieder fehlt ihr die Luft. Die Musik aus dem Radio hört man dazwischen fast nicht mehr. Roman ist still. Annina findet ihn noch blöder als ich und stellt ihre schlechte Laune aus, zum Kotzen, hat sie mir gesagt und zwar böse. Ihr Lachen unterbricht. Sie meint, sie müsse husten, aber es funktioniert nicht. Dann macht sie es und bekommt Tränen aus den Augen, kann aber normal reden, wie sonst.

Ihr habt es wirklich noch nicht durchgenommen, oder?, das ist krass, also ihr habt doch, wie heisst es bei euch?, nicht Heimatkunde, sondern neu, was immer den Namen wechselt, Mensch und Umwelt? Was macht ihr denn da überhaupt?, fragt Annina. Ich habe einen Vortrag über Lamas gehalten, und wir haben Schnecken bekommen, die im Klassenzimmer leben, bis zu den Sommerferien, und wir haben Blätter gezeichnet, solche von Pflanzen, du hast mir geholfen beim Einfassen vom Heft für die Zeichnungen. Das ist ja mal eine Reihenfolge, sagt Annina, ihr lernt etwas über Schnecken, bevor ihr den Planeten verstehen lernt, Schnecken, ausgerechnet, Schnecken! Sie übertreibt das Wort völlig. Mami sagt, man muss ja mit was anfangen. Ihr hattet auch die Rosenkäfer in der Schule.

Warum sind jetzt die Schnecken plötzlich so wichtig? Sie sind mir sowas von egal in den Ferien! Mich regt auf, dass Annina alle Sachen vergisst und gleichzeitig meint, sie wisse alles. Ich sage, wenn du dich nicht mehr ans Einfassen der Hefte erinnerst, ist das auch komisch. Annina lacht wieder und Mami macht mit, sie sind so unfair. Es tut mir leid, ich kann nicht anders, sagt sie. Sie soll aufhören damit, ich schaue wieder nach draussen und zu, wie sich die Aussicht zu Farben verzerrt. Es gibt neben der Strasse keine Schiene mehr, aber das macht nichts. Sie lassen mich in Ruhe, immerhin.

Mami, ich habe es in der zweiten Klasse gehabt, wegen dem Erdkern und allem, oder? Annina ist so gut wie erwachsen und weiss darum immer mehr als ich. Das ist logisch, es wäre umgekehrt auch so. Ich bin ein Kind und sie nicht. Keine Ahnung, ob sie das überhaupt begreift. Annina schaut mich an, hält mir ein Taschentuch hin, ich nehme es, dann merke ich, wääh, sie hat das schon gebraucht. Und sie lacht wieder, sie ist ein Monster mit mir. Sei nicht gemein, Mami sagt endlich auch was, was nicht dumm ist. Ich sage trotzdem nichts mehr, bis wir über die Grenze sind und an einer Raststätte Pause machen, wo wir einfach rumlaufen, in langweiligem Gras und auf Wegen. Ich gehe weiter als die andern. Die Beine und Arme und auch der Kopf werden komisch, wenn man lange im Auto sitzt. Am Anfang meine ich, sie funktionieren vielleicht nicht mehr richtig. Aber es geht dann schon. Als ich zurückkomme, ist Mami auf dem Beifahrersitz mit offener Tür und trinkt Wasser. Roman sitzt hinter dem Steuer, als würde er schon fahren. Mami hält mir die Flasche hin und sagt Dinge zur Entschuldigung. Annina hat dich veralbert. Ja, das habe ich gemerkt, ich finde das nicht lustig. Es tut mir leid, habe ich mitgemacht. Willst du es noch wissen?, redet Annina von der Rückbank aus rein. Ich habe nicht bemerkt, dass sie da sitzt und vielleicht gar nicht draussen gewesen ist.

NEIN! Und sowieso habe ich von Anfang an Mami gefragt.

Wieder unterwegs nach Italien fängt Annina von Neuem mit Erklären an. Ich halte die Ohren zu. Wenn man sich die Nase zuhält, sind alle Gerüche weg. Aber mit dem Ohrenzuhalten ist es immer so, dass man doch noch etwas hört. Also rufe ich zum Überdecken und damit sie endlich aufhört auch noch, NEINEINEINEINNEINNEIN.

KANNST DU MAL STILL SEIN, KLEINER? Roman ist immer so aggressiv, wenn er am Lenkrad ist, und mischt sich ein. Ich finde es sehr speziell und versuche nicht, daran zu denken, dass ich eigentlich Angst habe. Also ich merke, dass ich Angst haben könnte, wenn ich zu stark darauf achten würde, darum schaue ich wieder zu, wie die Strecke neben der Strasse, ein Wald jetzt, zur Farbbahn wird. Das bringt mich auf andere Gedanken.

Annina ist eigentlich nett, sonst hätte sie kein schlechtes Gewissen, aber sie macht das immer so, ich kenne es. Zuerst macht sie sich so sehr über mich lustig, so bodenlos und macht einfach immer weiter. Und plötzlich tut es ihr leid und dann jammert sie und will wieder gutmachen und will dann von mir einen Beweis. Ich soll zeigen, dass alles wieder in Ordnung ist. Gerade ist es mir egal. Ich will nur noch endlich ankommen und bis dahin neben die Strasse schauen. Wir machen die Reise dieses Jahr erstmals ohne Pause, weil Roman und Mami sich immer abwechseln beim Fahren. Roman ist auch zum ersten Mal dabei und das nimmt mir viel weg, vor allem von Mami, ich traue mich nicht, immer alles sofort zu sagen. Es ist nicht leicht zu merken, wie es mir geht. Ausser wenn ich ihn vergesse, zum Beispiel, wenn ich wütend bin.

Am Meer, am nächsten Tag, fragt Annina wieder, ob sie jetzt erzählen dürfe, und ich sage ja, weil es ist lange her und es hilft nichts, ewig wütend zu sein. Sonst wird man zu Gargamel oder sonst einer Figur, die im Fernsehen nicht bei den Guten ist. Und während ich mir das noch überlege, fängt Annina an zu erklären, wie das wirklich ist mit dem Wasser. Mami schaut uns zu, stützt sich auf ihren Arm und mit einem Lächeln, ich finde das gut. Roman ist im Wasser, er ist am Kraulen und stört niemanden. Ich höre zu, während ich spüre, wie die Sandkörner bei jeder Bewegung von mir, durch die Lücken im Bast durchkommen, das nervt, aber stört mich grad nicht so stark wie sonst. Der Bast ist glatt und auf ihm wird der Sand noch schärfer. Die Bastdecken riechen gut, vor allem wenn jemand vom Meer zurückkommt. Sie gehören zu den Ferien von uns dazu, nicht wie Roman.

Jetzt, wo Annina erzählt, ernst und lange und manchmal fast begeistert, merke ich, dass die scharfen Sandkörner und Roman weniger wichtig werden und auch weniger stören. Ich habe mir alles nochmals überlegt, sagt sie, gestern im Bett, weil ich nicht sofort schlafen konnte: Wie das Wasser fliesst, wie sich die tiefen Wasserschichten mit den hohen austauschen, das ist wichtig für die Natur. So haben wir es in der Schule gelernt, aber es ist bei mir schon lange her, seit wir das durchgenommen haben, weisst du, Lieblingsbruder. Es tut mir auch leid, wenn ich nicht mehr alles aus deinem letzten Jahr weiss, wie die Pflanzenblätter, die ihr gemalt habt, ich habe mich sehr auf die Themen konzentriert, die in meiner Prüfung vorkamen, weil es ja um den Abschluss gegangen ist. Ich passe nun besonders auf, dass ich dir keinen Blödsinn erzähle.

Dann erklärt sie.

Und ich stelle Fragen, zum Beispiel, wie tief das normale Gestein in der Erde vorkommt und wo es in Diamanten übergeht.

Danach läuft Annina zum Kiosk, weil sie schauen will, ob es dort die grosse Zeitung gibt, die sie immer liest, fast seit ich denken kann, und da fragt mich Mami, ob ich lieber untendurch in die Ferien gereist wäre, also unter der Erde hindurch statt über die Autobahn. Mit warmer Stimme, wie die Erzählerin von den Märchenkassetten, sagt Mami das, so spricht sie selten, weil sie manchmal, fast immer, im Stress ist.

Wenn du ganz, ganz tief tauchst, kannst du unter dem Land reisen.

Das ist sehr, sehr tief.

So dass kein Licht von oben dorthin kommt.

Annina hat ja gesagt, es sind viele Kilometer, über tausend wahrscheinlich. Ich habe die genaue Zahl nicht mehr gewusst, aber Annina wird die Zahl wissen, sagt Mami. Was ich mir merke, ist, dass es das Terrorskelett mit vielen Höhlen gibt, das ist gar nicht tief, aber sehr wenig erforscht und bis zum Kernraum vom Planeten ist es viel, viel weiter. Dafür ist das Leuchten dort mehr als möglich.

Ich frage, ob das Wasser da unten salzig ist, oder nicht. Mami sagt, ja, und als Annina zurück ist, widerspricht sie, nein. Alle drei finden wir, Annina weiss es am besten.

Sie haben unterschiedlich fest Ahnung, aber trotzdem haben sie sich verbündet, weil ich am wenigsten Ahnung habe, das ist normal.

Das letzte Mal am Meer habe ich viel mehr »Lustige Taschenbücher« angeschaut. Aber jetzt habe ich Sachen mitgenommen, die schon spannend, aber auch schwierig sind, wie zum Beispiel die »Drei Fragezeichen«.

Stelle ich mir vor, was alles im Wasser ist und wie die Tiefe und die Unterseewelt funktionieren, interessieren mich die Bücher nicht mehr.

Wenn ich aufs Meer schaue, erzählt es eine Geschichte. Ich kann eintauchen und alles sehen, was da ist. Schwärme von Fischen, Muscheln, die wie Pistazienschalen zu oder offen sind, und Korallen. Es ist wie in echt. Es ist ja echt. Ich meine, als ob ich alles wirklich vor mir sähe. Dabei ist vor mir nur die Wasseroberfläche. Ich schiebe es auf, ins Wasser reinzugehen. Warum? Letztes Jahr bin ich vielleicht zwei Mal drin gewesen. Wenn ich drin bin, ist es toll. Aber das Reingehen braucht Überwindung, und wenn ich wieder draussen bin, ist es unangenehm. Es ist unangenehm, wie das Salz überall an der Haut klebt. Sogar nach dem Duschen bleibt es unangenehm, weil der Sand in der Dusche und am Boden liegt und ein Geräusch auf Metall und Stein macht, über den Boden knirscht, und das tut weh in den Ohren.

Meine Schwester und mein Mami stressen mich nicht mit dem Meer. Sie wollen darüber aber auch nichts mehr hören. Letztes Jahr sind sie genervt gewesen, weil ich nur noch dieses eine Thema hatte. Von da an erzählte ich extra anderes und darüber, was in den Geschichten passiert, weil es bei ihnen lang her ist, seit sie Lucky Luke und Sachen von Disney angeschaut haben.

Dieses Jahr ist nicht nur bei uns so vieles anders, der Ort ist auch anders. Es hat zum Beispiel überhaupt nicht mehr die Verkäufer von gebrannten Erdnüssen, und ich finde es komisch, nicht im Wasser zu sein und mir die Meerestiefe nur vorzustellen. Mir das Tauchen vorstellen, kann ich auch daheim, wenn das Meer nicht da ist.

Als ich drin bin, denke ich, es gehört einfach dazu am Meer, und warum ich es nicht von Anfang an als erstes wollte, weiss ich jetzt nicht mehr. Das Eintauchen ist noch besser, wenn ich die kleinen Wellen am Bauch spüre und mit den Zehen den

Sand, der wie Schlamm ist, wenn das Wasser ihn umgibt. Nah am Ufer kann ich ihn mit den Händen greifen. Das ist zum Spüren noch schöner. Wann immer die Welle zurückgeht, wird er sofort zu festem Sand, richtig schade, kann ich ihn nicht als Schlamm packen. Es ist aber nicht meine Schuld, die Welt ist so. Sonst gibt es am Ufer auch Schaum, die feinen Steinchen, die immer hin und her rutschen und auch, wie glitschig sich Seetang anfühlt, wie das Wasser mir bis unter die Arme geht. Das alles füllt Bilder von der Unterwasserwelt auf. Stören tun nur die anderen Kinder, die einfach lachen und sich nicht interessieren.

Überall am Meer sind sie so wild. Und sie haben Wellenbretter, die ich nicht darf, und ein aufblasbares Krokodil und alle zusammen haben alles, was es im Laden gibt, wo man barfuss und mit Badehose hinein darf. Ich mag den Laden und eine Glace, aber meist bin ich zur falschen Zeit dort, wenn nämlich überall das Salz brennt.

Abends mag ich die »Drei Fragezeichen« auch nicht. Vielleicht ist es zu viel Stoff, vielleicht passiert zu viel, zu schnell. Im »Lustigen Taschenbuch« hat es auch viel Text, aber auch viel für die Augen zwischen den Wörtern. Das macht schon einen Unterschied, dann vergesse ich die Sonne und den Bast oder auch das Bett und wie es überall dunkel ist.

Letztes Jahr ging das so gut. Ich hatte fest gewollt, das Lesen so schnell zu lernen, weil es wichtig ist und mega sein kann, was man dabei erlebt und auch lernen kann. Dass Wasser im Weltkern ist, wie mir Annina nun erklärt hat, wusste ich, glaube ich, schon mal, vielleicht hat es mir Mami oder Papi erzählt. Dann hat es sich wieder mit anderem vermischt und ist vergessen gegangen. Wenn sie es mir erzählt haben, als sie noch zusammen redeten, habe ich es vielleicht auch deshalb vergessen, weil ich mich an sie zusammen nicht gut erinnere. Wie ich zum Beispiel kaum mehr weiss, dass sie mir ein Bilderbuch schenkten, das ich dann hatte, mit Mädchen und Buben und Männer und Frauen und den Unterschieden von den Geschlechten, aber das ist auch wieder eine Erinnerung, die wie übermalt ist.

Ein paar Erinnerungen an Sachen von ganz früher sind auch schwarzweisse Bilder, was komisch ist, weil ich bin ja kein Fernseher und noch nicht mal alt genug für schwarzweiss, wenn ich einer wäre. Einmal sehe ich mich von aussen, wie ich den Finger an einem Sägeblatt abschneide. Ich weiss von Mami und Papi, dass das fast passiert ist, aber ich sehe bei diesem Bild immer, wie der Finger ganz abgeschnitten ist, ich glaube, dieses Bild ist ein erfundenes. Ich hatte mich damals nicht von aussen gesehen, das geht nicht, und der Finger war schon noch dran, in jedem Moment, immer. Ich weiss aber noch, wie Mami und Papi deshalb miteinander gestritten hatten, vor allem.

Als wir aus Italien zurück sind, weine ich und Annina nachher auch. Und zwar weil Annina in die grosse Stadt zieht. Ich helfe nur zuhause beim Zügeln, beim Einpacken, vor allem von den Büchern, weil Annina einfach so viele hat. Natürlich wäre es spannender zu sehen, wie ihr neues Zimmer ist und ihre Aussicht, aber sie zieht eben auch mit Leon und Derya zusammen, und Leon hat selber ein Auto. Und es ist schon voll, auch wegen all ihren Sachen und wegen Schorsch. Sie sind genug Leute, um alles auszuladen, wenn sie am neuen Ort sind. Die Asterixhefte, auch Sailormoon, die meisten Bravos und das Jugendlexikon lässt sie mir da. Das Lexikon hat drei Bände, bei den anderen Sachen ist es ihr egal, vor allem Asterix und Obelix gehörten schon fast mir, aber auf das Lexikon soll ich aufpassen, damit es nicht kaputtgeht, weil es ihr wichtig ist, sie möchte wieder drin blättern, später einmal, und das so lange sie denken kann. Aber wer weiss schon, wie viel länger sie lebt, als sie denken kann, sagt sie dann zum Schluss. Ich komm nicht draus. Nur ein dummer Spruch über alte Menschen, die alles vergessen, nicht lustig, erklärt sie dann. Wie Omi? Wie Omi, aber viel schlimmer, Omi verwechselt nur manchmal Wörter. Omi hat mich schon mit Annina verwechselt, und ich fand das peinlich. Ich war schon lange nicht mehr zu Besuch, nur einmal, seit sie in der Alterswohnung sind, das ist ein Grund dafür.

Es ist das zweitletzte Wochenende meiner Sommerferien, Annina hat noch viel mehr Ferien, weil sie an der Universität anfängt. Für einen guten Beruf in der Zukunft, sie sagt, für sich, und Mami, Papi und Roman sagen es auch so. Es ist fast das Einzige, das sie alle gleich finden, auch wenn sie es in sehr unterschiedlichem Ton sagen. Schorsch schwitzt durch den Mund und versucht hochzuschauen, aus dem Fenster, dafür steigt er mit den Vorderbeinen auf Deryas Beine. Derya findet das lustig. Ruhig, Schorsch, reiss dich zusammen, sagt Derya und wischt ihm das Maul trocken, weit darum herum, mit einem Stofflumpen, aber es hilft nur kurz. Schon hängt das Geschlabber wieder im Fell und auch am Fenster ist alles verschmiert. Schorsch macht in der Aufregung Schritte mit den Pfoten und es ist anstrengend für Derya, die fast zerdrückt wird.

Schorsch ist ein neuer Fundländer. Er ist sehr gross, darum hat es nur megaeng Platz im Auto, aber er ist vorne, damit sie das Gepäck besser reinstopfen können. Er ist ganz lieb. Und er ist der Hund von

Leon, in seinem Auto, es ist also wie daheim für ihn. Es sieht anstrengend aus, und ich verstehe, dass sie bald dort sein wollen. Es ist auch lange zu fahren und manchmal, wenn es Stau gibt, scheint es eine Ewigkeit und nicht mehr aufzuhören, bis man einmal da ist. Trotzdem fragt Derya, was ja meganett ist, soll ich das Fenster richtig runterlassen, damit ihr euch kennen lernen könnt? Ich sage, ja.

Mit dem offenen Fenster kommt gleich die Luft, wie ein warmer Wind. Es ist super mit Schorsch, obwohl er aus dem Mund stinkt, wie manche alten Leute. Also nicht unsere Grosseltern, sondern wie es draussen beim Altersheim riecht, wo der schmale Weg zur Schule es wie durchschneidet, quer über den Platz, wo sie sitzen und manchmal spazieren. Annina sitzt endlich auch im Auto und winkt viel. Sie sagt, sie müssen endlich los, weil sie die Schlüssel abholen wollen.

Schliesslich sind sie wirklich gegangen – es ist mit Annina allein sonst schon wie mit Papi, sie verspätet sich auch immer. Diese Gruppe verspätet sich so fest, dass ich es im Körper spüre. Aber dann, als sie weg sind, ist es leer und noch immer Nachmittag. So langsam kann Zeit sein, so viel Zeit, mit jedem Moment mehr, finde ich schwierig auszuhalten.

Mami fragt, ob ich spazieren will, aber das will ich nicht.

Ich gehe Richtung Zimmer und auf der Treppe kommt mir in den Sinn, was ich tun will, ich will nachschauen, ob alles stimmt, was mir Annina in den Ferien erzählt hat und ob es mehr zu wissen gibt, als sie weiss. Also schau ich im Jugendlexikon am Ende des ersten Bands nach, beim Buchstaben «I». Ich lese: Ob Insel oder Kontinent, alles Land auf der ganzen Welt ist verknüpft, verbunden in der schwarzen Tiefe des Meeres. Schnell, so dass ich es fast nicht merke, wechsle ich die Bände vom Lexikon, ich bin wie eine Maschine, weil mich alles interessiert. Tiefsee. Unterseeboot. Gallert. Terraskelett, Diamantstaub, Quallen. Tief, tief unten, dort, wo kein Sonnenlicht mehr hinkommt, enden die Schichten verschiedener Erden, Felsen, Kohlen. Dort unten ist das Diamantskelett des Planeten, hunderte Millionen Jahre lang gepresst, bis es hart wurde, hart genug, damit das Terrierskelett, wie es für Forscher heisst, alle Länder zusammenhält. So hart sind die Diamanten, die Erdung von Eisland ist an der dünnsten Stelle nur sieben Meter dick mit dem Rest der Welt verbunden. Oben ist alles Wasser, dann fangen die Gänge an. So steht das zwar nicht da. Aber ich erzähle, wie es mir in meiner Sprache vorkommt. Das gilt zum Beispiel auch dafür, wenn ich sage, dass die Menschen in der Zeit, in der sie die Welt innen rausgefunden hatten, glaubten, dass sie alles können, und es gut wird, weil sie schlau sind. Mami war gerade geboren, als das so war. Sie sagt, es gehe darum, um das Wirt-schafft-Wunder, also weil viele Menschen Geld hatten, auch für ins Restaurant, meinte man, es bleibe für immer, alles halte immer und wenn was nicht ganz gut sei, werde es doch besser, mit dem Hunger oder dem Auto. Dann fand man raus, dass sich das Land schon ganz anders zusammengehängt hatte. In der Geschichte vom Planet war Italien eingepackt zum Beispiel, ohne Meer, vom Land. Auch fand man Sachen heraus, wie, dass die Menschen alle zusammen die Korallen kaputtmachen. Das ist nicht nur einfach nicht schön, sondern auch ein Problem. Als sie das schon wussten, war Mami ungefähr ein Kind.

Die Erforscherinnen und Forscher wollten dann erklären, was passiert, wenn sich die Welt verändert und wann. Die Magnete machen viel aus. Wenn sie sich schieben, gibt es viel Technik, die das stört. Ich weiss, Mami erklärt mir gern alles, aber frage ich, was sie nicht weiss, wird sie manchmal wütend, weil nicht alles so klar ist wie 2 plus 2. Trotzdem frage ich, wer etwas dagegen tut, damit die Korallen bleiben und nicht alles einbricht und der Planet zusammenklappt.

Ob du Sorge trägst oder nicht, die Kraft vom Weltall, vom Innern, vom Skelett ist sowieso stärker, vor allem gibt es so viele Menschen, die müssen ja auch leben. Sie sagt, dass es nicht drauf ankomme, ob ich genau ein Auto habe oder andere mehr. Aber es sei gut, wenn man aufpasst auf die Natur. Das hat Mami gesagt.

Ich komme nicht draus, also schon, aber nicht ganz. Ist der Diamantabbau gefährlich und die Menschen wissen es – warum machen sie weiter? So lang ist es gar nicht her, dass man sie abbaut, verglichen damit, wie alt die Menschen sind, und schon ist's gefährlich.

Zum besser Verstehen, wie lange das erst ist: Mami ist fünf Jahre älter als Papi und Roman weiss ich nicht.

Als Mami erwachsen war, und Annina noch nicht auf der Welt, haben sich die letzten Grenzen verschoben, sagt Mami. Nachher war überall mal jemand da gewesen. Sie erzählt weiter, und ich schäme mich, weil ich eine Zeitlang geglaubt habe, dass sie überhaupt nichts wisse. Doch viele Sachen weiss sie, es gibt genug zu erzählen. Vielleicht fühlt sie sich besonders in der Stimmung dazu, weil Annina weg ist, ich bin nicht sicher, aber es könnte schon sein, weil sie sich nämlich Zeit nimmt und mir wirklich alles erklärt. Zum Beispiel, dass es gar nichts über den See aussagt, wenn man den Boden nicht sieht. Es sei eine grosse Spekulation, welche

Seen nur oben seien und welche in die Gänge des Terrorskeletts und in die Unterseewelt führten und wie gut der Weg dorthin sei.

Die Menschen waren zuerst auf dem Mond, bevor sie den Kern entdeckt haben, was lustig ist, weil der Mond ist nicht ein Zwischenstopp, unterwegs zwischen zwei Orten auf der Welt. In der Mitte des Planeten wäre ja die Abkürzung, wie eine Raststätte zwischen uns und Japan, oder vielleicht auch Thailand, das weiss ich nicht. Mami erzählt mehr dazu, wer die Männer, und dann auch Frauen, waren und warum die Frauen wichtig waren.

Ich suche die Namen im Lexikon, sie sind vor allem ungewohnt. Und viele tönen Englisch. Die ersten Expeditionen fanden statt, bevor Mami auf der Welt war. Diese Männer haben viel noch nicht gewusst. Sie haben die Tiefboote selbst gebaut, die ersten sind gebrochen wie Eierschalen, sie hielten nichts aus, und dann sind die Männer gestorben. Das darf man so sagen, wie Eier, weil es ist lange her und seither gab es Kriege und noch Schlimmeres. Es macht keinen Sinn und ist logisch: Wenn Menschen lang genug tot sind, dann sehen wir sie anders, als wenn sie erst gestern gestorben sind oder mit uns verwandt waren wie Grosspapi, der viel vor Grossmami gestorben ist, aber sie dann auch. Das Problem war, dass das Glas von den Fenstern nie durchgehalten hat, sie haben es immer neu probiert, aber falsch gerechnet. Es macht mir Angst, wenn ich mir vorstelle, wie das Wasser kommt, und man erlebt es, aber kann nichts tun. Ohne zu wissen, was drin ist, sind diese Männer früher in den Planeten getaucht, bis sie tot waren. Sie haben zum Beispiel geglaubt, es sei wie ein eingepackter Vulkan. Erst das Glas, das auch im Weltraum funktioniert, funktionierte so tief unten. Das musste aber erst erfunden werden.

Es fällt mir auf, wie schnell es geschieht, dass gesagt wird, das sei normal und bleibe so. Aber eigentlich gibt es zum Beispiel Autos noch fast nicht hundert Jahre lang, und am Anfang hatten nur die Reichen sie, und die meisten Leute, die etwas brauchten, wie Bauern, die hatten Kutschen. Oder mir fällt es mit der Zeit, also dazu, wie die Zeit vergeht, auch bei Sachen auf, die ich selbst mache: Wenn ich Ski fahre, ist es das, was ich mit Papi mache, und wo wir so richtig etwas machen und anstrengend, obwohl es Lifte hat. Früher sind die Skis noch ganz anders gewesen; gefahren ist nur, wer auch auf den Berg hochgegangen ist, von sich selbst aus. Heute sind überall Gondeln oder Sessellifte, und alles ist bequem, ausser beim Skis an die Gondel Machen. Da habe ich immer ein Kribbeln, dass sie runterfallen, oder wenn die Skis unter dem

Sessel in der Luft hängen, bevor der Bügel unten ist. Dann kann etwas passieren. Ich bin immer aufgeregt. Trotzdem ist Ski fahren so normal, nicht speziell, als wir, zum Beispiel, einen Vortrag halten mussten über die Ferien, da habe ich gemerkt, dass Michael und noch viel mehr Kinder Skifahren oder auch Snowboarden als Themen wählten. Bei mir war es nur ein Satz, aber es ist vorgekommen, ich habe gesagt, dass ich nicht vom Skifahren erzählen will. Meine Note kam schlecht heraus, weil ich mich nicht gut auf ein Thema konzentrieren kann. Ich möchte zu viel aufs Mal, hat mir die Lehrerin gesagt. Das ist aber egal. Was ich sagen will: Heute ist Skifahren das, was alle machen und das ist normal, und wer nicht auf Pisten geht, ist komisch.

Die schlechte Note – wenigstens noch genügend, so dass ich keine Angst haben muss – fand ich unfair. Ich habe einfach viele verschiedene Sachen erzählt, nach was es manchmal riecht in Mamis Auto und was wir gegessen haben, wenn es speziell war. Und ich finde, es passiert so viel gleichzeitig in den Ferien und in diesem Thema kommt so viel zusammen, erstmal das ganze Leben, wie es ist, und dann auch noch an einem anderen Ort, und alle haben sehr viel Zeit, selbst wenn man zuhause bleibt. Zu erzählen, wie Annina ist, ist schon schwierig, wenn es für die ist, die sie nicht kennen. Das Foto habe ich gezeigt, aber das war eigentlich doof, für alle. Für die anderen, weil man ja nicht den Menschen sieht. Für mich, weil sie denken, dass ich meine, man sehe den Menschen auf einem Foto. Was ich halt auch beschreiben wollte, war, wie der Sand sich anfühlt, flüssig, als wäre er geschmolzen mit dem Wasser und wie schnell er wieder einfacher Sand wird, wenn du ihn ans Ufer trägst. Ich wollte klarmachen, dass so kleine Sachen die Ferien bestimmen. Aber geklappt hat es nicht, wie alle an der Note merken.

Mir geht es immer so. Ich fühl mich wie eine Lupe und dann wieder wie ein Satellit. Eins zu bleiben oder zu entscheiden, was ich gerade bin, fällt mir schwer. Nah oder weit weg, auf den Inseln, in der Tiefe oder noch viel weiter weg, so gut es vom Druck her geht, wenn ich tauche.

Statt zu schlafen, lese ich noch lange im Lexikon. Mit der Taschenlampe, so dass es Mami an den Ritzen unter der Tür nicht sehen kann. Je müder ich bin, desto mehr nervt das Wechseln zwischen den Bändern. Aber das Interessante ist nicht nach dem Alphabet geordnet, wenigstens nicht auf Deutsch. Ich interessiere mich nicht für alles, das mit A bis I beginnt, also Asphalt und Igel und Baumnüsse und Helium, das wäre zwar lustig, aber ich interessiere mich eher für alles, was mit den Meeren und dem Planet ist.

Was mir auf der Doppelseite einfährt, mit der Weltkarte, ist, wie nah von uns Italien ist. Auf einer Murmel würde ich mit dem Finger dieselbe Stelle berühren, wenn sie die Welt wäre, und ich auf uns oder Italien zeigen möchte. Die ganze Welt ist rund und Italien fast da, wo wir sind.

Dass ich nicht einfach eine Geschichte lese, merke ich, wenn mich die Pfeile zwischen den Bänden hin und her schicken, da spüre ich es, wenn ich von Terraskelett zu Spekulation und Passepartout spicke, wenn ich die Worte so vor mir sehe, wie sie mal der Titel des Eintrags waren, und dann wieder, von welchem ich herkomme, so, wie wenn man im Kreis geht, bis einem der Kopf dreht und alles, was man gelesen hat als grosse Wolke vorkommt. In der Wolke steht, ob es sich lohnt, zu tauchen für Minen oder für Tourismus und alles über Oberseen, die wie Pfützen sind, vom Planet aus gesehen.

Erst lese ich über die verschiedenen Arten, die es gibt. Ich lese über die verschiedenen Systeme, Kammerverbindungen, Passantströmungen. Dann geht es erst los. Ich lese See für See, zum Beispiel den Kolschewoie. Über alle Seen fehlen natürlich Einträge, weil es gibt zu viele tausend auf der Welt, nie kann man sie fertig aufzählen. Es ist ja auch die Erdhülle nicht überall gleich dick. Der tiefste See ohne Verbindung zum Kern ist der Evaslake und der ist in Kanada. Er reicht ungefähr so weit unter die Erde, wie hoch wir über dem Meer wohnen. Also Mami und ich und Roman, der ja fast immer bei uns ist, aber eigentlich eine eigene Wohnung am Waldrand hat. Dort schläft er aber nicht, vielleicht weil es zu gruslig ist, beim Wald.

Irgendwann bin ich auch müde, die Wolke wird zu heissem Nebel. Die »Drei Fragezeichen«-Bücher leiten mich immer sicher weiter, und ich komme draus, wenn ich eine Seite träume. Das Lesen im Lexikon ist komplett anders, weil alles ist wahr, was heisst, ich muss genau lesen, weil es ja um das richtige Leben geht, wo ich mich selbst auskennen muss, und auch noch alles in kleinerer Schrift als die Geschichten der «Drei Fragezeichen».

Obwohl Annina mir anfangs einen Blödsinn erzählt hat mit der Amélie des Wassers: Sie hatte mit einem recht, wir hätten den Wasserplaneten in der Schule schon durchnehmen sollen. Ich merke es, weil ich Petrit von der Parallelen gefragt habe, bei ihnen war es schon in der zweiten Klasse dran.

Wir gingen zusammen in den Kindergarten und heute den gleichen Schulweg, weil er an der Strasse nach dem Altersheim wohnt. Mein Weg ist weiter, also ist nur der halbe Weg gleich. Für mich ist es die bessere Hälfte, weil es weniger steil abwärts geht und auch wegen Petrit. Nett ist er, aber gut ist der Weg eigentlich erst nach der Unterführung. Dort sehen wir manchmal Klonki, und manchmal Kinder, die sagen, Klonki sei gefährlich. Sie rufen ihn direkt mit diesem Namen, vielleicht mag er sie darum auch nicht.

Petrit sagt es gerade auf der höchsten Höhe vom Weg, dass es bei ihnen in der zweiten Klasse darum ging, wie der Planet mit der Sonne ist von aussen und was in ihm drin ist.

Da bekomme ich Angst. Wollen wir rennen?

Beim Rennen ist das Thema unterbrochen, weil wir beide schnaufen müssen. Wir rennen, bis die Unterführung vorbei ist, denn es kann eben sein, dass der Mann, dem die Kinder Klonki, oder ich glaube auch Klonkilonki, sagen, hier ist. Er ist rot im Gesicht, was andere Kinder sagen, was er macht, weiss ich nicht, doch wie er schimpft, habe ich schon einmal gesehen. Wie schnell viele Männer schimpfen, weiss ich, aber wie schnell sie dann schlagen, weiss ich nicht, weil ich nur einen so einen kenne. Als Klonkilonki schimpfte, war ich zum Glück weit genug weg, noch bei der Treppe, darum bin ich über die Strasse gerannt, was ich nicht darf. Das ist so gefährlich, und ich weiss das, sogar aus den Nachrichten. Dort sieht man immer nur, wie das Licht vom Notruf blinkt und es gefährlich aussieht, nie, wie es passiert, da kann niemand wissen wann, darum ist die Kamera von den Nachrichten nie früh genug da. Am Ende überholt mich Petrit, weil er plötzlich ein Rennen will, einfach ohne was zu sagen, und dann ruft er doch noch, dass das Ziel beim grossen Baum sei.

Immer beim Baum ist es sicher.

Wir können eine Pause machen, weil wir den Schulweg ja ohne Rennen geplant hatten. Petrit erzählt in Ruhe, was mir alles in der Schule gefehlt hat und wo ich ohne Annina verloren wäre, wenn mich jemand nach dem Planeten fragte. Ich schaue ihn nicht an dabei, weil ich nicht weiss, wie dumm er mich findet, weil meine Klasse ja bisher nichts gelernt hat.

Am Boden hat es viele von denen, die wie dicke Blätter sind. Sie heissen Buchennüsschen, und ihre Zeit ist immer nur kurz. Wir sammeln. Das erste Nüsschen, das ich öffne, hat einen Wurm drin. Doch Petrit hat Glück. Mein zweites ist gut, und ich probiere noch eins, aber ich werfe dann die anderen weg, weil nach dem ersten traue ich mich fast nicht mehr. Es bleibt dann unangenehm: In jedem könnte ein Wurm sein. Wie von woanders kommt mir die Idee von der Tiefe, und für einen Moment tauche ich so tief ins Wasser, wie ich nicht denken kann. Von Bildern kenne ich schon auch Situationen, wo überall Wasser ist. Alles ist dunkel und bei mir kommt die Angst zurück – was ist, wenn unsere Klasse mit der Schule zu weit zurückliegt? Es kann stressig sein oder sogar mega anstrengend, das alles aufzuholen. Vielleicht bekomme ich dann nie einen Job oder nur einen am Kiosk.

Die Frau, die fast immer am Kiosk schafft, ist nett. Als ich überlege, weiss ich nicht, weshalb es schlecht sein sollte, später im Kiosk zu landen. Die Buchennüsschen, Klonkilonk, der Schulanfang, sie sind alle vergessen.

Petrit erklärt, was er von seinem Parallelklassenlehrer weiss: Die Tiefe ist bedroht, und wenn das Skelett reisst, kann die ganze Welt einknicken. Ich sage, ich habe das gelesen, fast so, wie er es sage, und in einem Lexikon, das sei fast genauer noch als die Schule.

Es ist das Lexikon, das Annina schon gehabt hat, und sie ist neun Jahre älter, also weiss man das schon sehr lange. Ich dachte, wir haben alles verpasst, weil Petrit und ich so viel erlebt und geredet haben, aber wir sind noch zu früh in der Schule. Das passiert mir immer. Ich habe das Gefühl, die Zeit ist ewig und bin dann zu schnell. Wir sitzen noch kurz auf der Treppe vor dem Eingang und überlegen uns, ob wir was machen könnten.

Man soll keinen Abfall in den See werfen, sage ich, das ist wichtig.

Wir könnten das allen sagen, aber ich kenne auch keine, die Abfall in den See werfen.

Wir müssten die ja kennen.

Petrit sagt, er sei Mitglied bei einem Heft, das auch ein Verein sei, wo er für die Tiere – aber vor allem für die ganz normalen, wie die Affen – Briefmarken verkaufe, und die Leute kauften sie gerne und es helfe.

Als ich nicht grad antworte, hat er eine neue Idee, wie wäre es, wenn wir den See ganz aufräumen, also am Ufer wenigstens? Andere würden sicher helfen, glaubt er, und ich finde auch.

Dann kommen wir drauf, dass das gut für jedes Tier ist und auch für den Planeten, aber was hilft es, einen See aufzuräumen, wenn trotzdem weiter nach Diamanten gebohrt wird im Skelett? Es ist besser als nichts, sag ich. Oder? Alles ist besser als nichts, sagt auch Petrit.

Unsinn, sagt Frau Mahler, erst nach einer Ewigkeit, also nach den Herbstferien, als wir das Thema endlich durchnehmen. Unsinn, dass schon Kindern solche Angst gemacht wird, du musst keine Angst haben, mein Junge. Armer Jona, wer hat dich in den Wal geschickt? Waren es deine Eltern oder hattest du es aus dem Fernseher? Es war schon immer so, dass Säulen gebrochen und geknickt sind, das Land hat sich dann verschoben, ein paar Seen, mal ein Binnenmeer, blieben abgeschnitten, einen Flügelschlag in der Geschichte unserer Schöpfung, das ist die Natur und dann ändert sich nicht alles. Du kannst es dir vorstellen wie ein Vulkanausbruch, es ist grosses Pech für die Leute auf den Inseln, dort, wo es viele gibt, wissen die Leute das ja auch, und wenn sie das wissen, dann leben sie anders, und die Häuser sind anders. Sie haben es in ihrer Mentalität, es gibt ja auch eine Versicherung, die haben deine Eltern auch. Ich sage darauf nicht viel, weil ich mich überfahren fühle.

Frau Mahler ist sonst anders.

Wieder mit lieber Stimme sagt sie noch, die Frage höre ich nicht zum ersten Mal. Jedes Jahr wird es schlimmer, es würde sie nicht wundern, wenn den Kindern irgendwann noch Angst vor Kühen gemacht werden würde, weil sie furzten und rülpsten. Da lachen alle in der Klasse, aber mir geht es um das Thema und ich möchte dranbleiben. Ich probiere es mit einer neuen Frage.

Und wie tief ist die Verbindung, also ich meine, wie weit nach unten man muss, um von da überall auf der Welt sein zu können, zum Beispiel in Italien? Sonst wäre das eine gute Idee, auch gegen Staus. Von Papi weiss ich nicht viel, aber schon wie schlimm Staus sind, eigentlich ein grosses Problem, wenn man frei hat, ist es nur Zeit, aber die Menschen müssen pünktlich zur Arbeit kommen können. Da läutet es, eine Pause. Frau Mahler sagt, weiter lieb, ich schaue es nach und erzähle es dir in der nächsten Lektion Mensch und Umwelt. Manchmal fühle ich mich in der Schule, als würde ich allein mit Frau Mahler reden. Die anderen in der Klasse merken es, glaube ich. Und in den Pausen sage ich eben viel nichts. Ich weiss wenig mitzumachen, was die anderen interessiert, sie müssen immer Bilder tauschen, und das ist wegen der Weltmeisterschaft, natürlich im Fussball, was mich am wenigsten interessiert und trotzdem Geld kostet.

Sind es bis zu den Diamanten mehr Meter nach unten, als von hier nach Italien? Ich denke, die Strecke nach Italien ist weiter, aber ist vielleicht auch eine Frage, wo in Italien. Wenn einem niemand zuhört, der einen nicht mag, findet man auch mehr raus. Es ist nämlich wie ein Geheimnis: Im Reden kann man Sachen rausfinden. Wie auf dem Heimweg mit Petrit. Er sagt, ich kenne Italien nicht, nur von der Karte. Sie gehen im Sommer nicht nach unten, obwohl sie von einem Land unten kommen, glaub ich, aber das ist nicht Italien. Wenn wir nach Italien fahren, braucht es zwei Tage, also ausser wenn zwei Erwachsene durchfahren und auch sonst waren wir schon nach dem ersten Tag in Italien, aber halt nicht dort, wo wir hingehen, ganz nach unten, zum Absatz vom Stiefel. Italien ist wie ein Stiefel, sage ich Petrit, aber das weiss er ja schon, das wissen alle, sogar die, die nie da waren. Weil das ist sehr bekannt, vom Aussehen her ist es das bekannteste Land. Ich mag Italien, es hat eine gute Sprache und in der Hitze bin ich gern, Pizza gibt es überall. Ich sage Petrit, meine Mutter hat mich gefragt, ob ich lieber untendurch nach Italien gereist wäre im Sommer. Ich erinnere mich, als ob es das einzige Gespräch im Sommer gewesen wäre.

Aber als ich daheim nochmals ernsthaft frage, wie es denn schneller wäre, weiss sie auch nicht genau, ob es weiter ist nach dort in Italien, wo wir immer sind, schon länger als mit Roman. Da musst du warten, was Frau Mahler rausfindet, sagt sie direkt, sie hat mich nie mehr gefoppt, und auch auf die Idee kam sie nur, weil im Sommer Annina dabei war, aber ich glaube, ich habe sehr reagiert, so dass sie sich seither Mühe gibt für keine Gemeinheit. Mami sagt, Annina weiss das fast sicher sicher. Warte doch, bis Annina daheim ist, wenn du es so schnell wie möglich wissen willst.

Ich frage Annina dann das. Sie war schon lange nicht mehr hier, jetzt dafür ein ganzes Wochenende. Es gibt Essen, Mami schöpft uns Teigwaren und hat auch bei allen Carbonara-Sauce draufgemacht. Es dampft, Annina erklärt durch das

Schöpfen hindurch, wie die Menschen lange nicht wussten, was in der Tiefe ist, dass es lange Zeit verschiedene Theorien gab, dass es Ideen von Säften gab im Innern, weil die Erde eben ein Bild von Menschen ist, ein Abbild eben, und die Menschen haben ja auch viele Säfte, also haben Erforscher, die ein Genie für alles waren, gedacht, wenn es Vulkanausbrüche gebe, dann schwitze die Erde, bei Überschwemmungen sei sie auf dem Klo und im Innern gebe es Blutbahnen, wo die Säfte verschoben werden. Das ist grosser Blödsinn, aber so war das vor über 200 Jahren, bevor jemand weiter als ein paar Meter mit eigener Luft tauchen konnte. Sie haben Anker runtergelassen und so Sachen, aber konnten nie nachschauen, was eigentlich los ist, im Planeten. Besonders mag ich, dass Annina auch erklären kann, was heute falsch ist. Von der Länge sind es über 5000, glaube sogar, über 6000 Kilometer bis zum Kernraum. Und davor kann man nicht nach Italien. Höhere Verbindungen gibt es nicht, also oben ist alles sehr ein Durcheinander mit normalem Gestein und darum zu unsicher. Es lohnt sich also nicht, wegen dem Stau unter der Erde nach Italien zu reisen. Carbonara mag ich gern, aber es ist auch spannend, wie natürlich, dass so verschiedene Sachen, auch von den Tieren her, zusammenpassen wie Speck und Ei.

Nach dem Essen gehen wir in mein Zimmer. Du darfst anrufen, hat Annina gesagt, immer. Immer hat Annina sogar zwei Mal gesagt, bevor sie ausgezogen ist: immer immer. Ob dir Papi auf die Nerven geht oder Mami oder natürlich auch einfach so oder wegen der Schule. Sie hat es jetzt wiederholt. Habe nie Angst davor, es kann gar nicht sein, dass du störst. Du darfst dich immer immer melden.

Aber oft rufe ich nicht an. Ich finde es schwierig, am Telefon zu wissen, was es zu sagen gibt. Es ist ein Grund von mehreren, denn über das Telefon erzähle ich entweder Sachen, die sehr locker sind, also zum Beispiel, wenn etwas lustig ist. Aber was mich beschäftigt, lasse ich aus. Oder ich wiederhole die gleichen Sätze, sage jaja und geht so, wie immer. Das wird schnell unangenehm, denn so fühlt es sich an, als wären die Worte gar nicht mit meinem Kopf verbunden, einfache Geräusche. Wenn man sich anschaut, ist das Gespräch besser. Dann gibt es nichts zu verstecken, weil man sich gut kennt und alles vom Gesicht her rausfindet. Das Thema Telefonieren vergeht zum Glück. Annina muss jetzt jede Woche ein ganzes Buch lesen, auf Blättern ausgedruckt, was ein Durcheinander ist und fast immer ohne Geschichte und mit komplizierten Sätzen. Sie hat auch zu tun.

Wir hören Roman von unten, er macht Lärm, weil er nicht kapiert, wie man mit der Tür umgeht, also knallt es. Es ist daheim wieder streng, wie als Papi und Mami und wir zusammengelebt haben. Vielleicht ist es jetzt fertig mit den Ferien am Absatz von Italien. Annina sagte mir, nächstes Jahr sei sie zu alt für Familienferien, und dann wiederholte sie das Wort Familie und formte so ein Zeichen mit zwei Fingern mit beiden Händen, Gänsefüsschen. Ich kenne das, zum Beispiel von Asterix. Ohne sie, finde ich, macht es keinen Sinn, weil die Ferien immer waren, was wir zu dritt machten. Diesen Sommer hat Roman gewinkt, wenn ich aufs Meer schaute, weil er meinte, es geht um ihn. Er schwimmt sehr gut und erzählt immer von Fitness und so, es gibt nichts anderes.

Und in jedem Moment kann es explodieren. Wie es mit Mami und Papi war, weiss ich aus Erinnerungen, die ich fast nicht mehr in Farbe sehe, mehr so wie alte Bilder, wo alles gelblich oder schwarzweiss ist. Nachts bin ich aufgewacht. Sachen sind auch kaputtgegangen, aber wehgetan hat, wie sie geschrien haben. Jetzt ist es anders, man kann die Luft anfassen, und Mami möchte immer, dass alles gut ist. Vielleicht ist es auch gleich, und ich weiss es nur nicht mehr. Sicher sind Roman und Papi nicht gleich. In einem Trickfilm wären sie verschiedene

Tiere. Roman ist richtig stark, warum verstehe ich nicht ganz, weil er isst Käse wie ein Stier. Ohne Annina hätte ich Angst, wenn sie bei mir ist, habe ich Angst um Mami, trotzdem manchmal.

Denkst du, ich werde wie Roman, wenn ich gross bin?

Annina sagt, sicher nicht. Nur weil bei dir diese Frage aufkommt, passiert das nicht. Schon in deinem Alter ist das sicher. Oder vielleicht passiert es auch gerade darum nicht, weil du dich das fragst. Papi stellte sich solche Fragen nie, und Roman hat sich noch nie irgendwas gefragt.

Sie verdreht die Augen, dass es lustig ist. Ich möchte nun aber wirklich über was ganz anderes reden. Ich frage, wie es ist, mit Menschen zu wohnen, die Freunde sind. Sie ist begeistert. Als Annina dann unten später fragt, was los war, sagt Mami, er habe es nicht so gemeint. Er sei nun aber gegangen, um Reifen zu holen. Als Annina Mami das wegen den Ferien sagt, gibt es Streit und dann gibt es Schnee und er reicht mir bis zu den Knien.

Sie kommt dann sechs Wochen nicht mehr heim.

Papi erzähle ich vom Streit mit Roman, als ich das nächste Mal bei ihm bin. Sagen möchte ich es gar nicht unbedingt, aber sonst habe ich das Gefühl, er hört nicht zu. Darum wecke ich ihn mit

Sachen, die ihn interessieren. Ich stelle mir vor, wie es ist, dahin zu tauchen, wo die Welt innen ist, sage ich, aber er ist wieder eingeschlafen. Ich muss ganz allein Erforscher werden.

Heute, jetzt, immer

Das alles ist doch gar nicht wahr. Draussen scheint die Sonne. Draussen ist das Wetter. Draussen ist das Meer, irgendwo. Draussen ist Unordnung, so ist es draussen — und hier drinnen baut sich die Welt auf, vor dir, im Schutzraum, in der Grotte, im Blumentopf. Das ist für dich, einfach für dich. Geschriebene Worte sind kein Gespräch. Sie sind feste Stützen, verankert in der Tiefe. Doch bis wohin reichen sie? Kommen sie bis zum Kern?

Das Jahr 1,
in dem ich es weiss

Als noch Frühling ist, aber die Badi schon offen hat, springe ich vom Turm, weil noch niemand hinsieht und es mir so lieber ist, dafür gleich mit einem Köpfler. Beim allerersten Sprung tauche ich tief ins Wasser ein, ich fühle mich wie ein Pfeil oder Fisch oder so, wie wenn der Nitro sich einschaltet in einem Game. Ich gehe ein zweites Mal, und es ist fast gleich, einfach nicht mehr neu. Beim dritten Mal mache ich dann etwas ein wenig anders, ich klatsche auf das Wasser, fast wie Schnitte spüre ich es im Bauch. Das ist auch der Grund, weshalb ich selten am Sprungbrett bin, sobald alle hier sind und es richtig warm wird. Dann ist es voll mit Menschen.

Aber jetzt ist es trübe und von der Schule niemand hier, weil ausser meiner Klasse niemand am Donnerstagnachmittag frei hat. Es sind nur ein paar

Ältere da, die sind aber so viel älter, dass es egal ist, und dann kleine Kinder mit ihren Müttern. Schnell tut es nicht mehr weh und ich muss wieder probieren, jetzt besonders, es ist jetzt wichtig, sofort zu springen. Das kenne ich von ganz blöden Sachen, wie wenn ich von einem Spielplatzgerüst falle: Es wird dann zur riesigen Sache, und ich muss immer dran denken, bis in den Abend hinein.

Ich steige aufs Sprungbrett. Ich springe. Wie ein Pfeil oder Fisch möglichst, wie beim ersten Mal. Treffe auf Wasser. Meine Füsse halte ich gerade. Bis ich merke, dass es kaum mehr weitergeht. Dann nutze ich sie als Antrieb. Der Druck ist da. Komme allein bis zu den Wasserpflanzen mit zwei, vielleicht auch drei Zügen mit den Armen, überall, zwischen den Zehen, spüre ich die Wasserpflanzen, meine Bewegungen, die Füsse, die Beine bringen sie zum Einknicken. Dann erreiche ich den Sand. Ich greife hinein. Es fühlt sich an wie Ton, den wir im Zeichnen haben, aber als ich meine Hand hochnehme, wegschwimme, weil ich spüre, wie mein Körper atmen, wie er Luft will, dann rieseln die Körner, die fast wie Schlamm sind, zum Greifen, weicher noch als der Sand in den Uferwellen, weg. Ich spüre jedes einzelne zwischen den Fingern. Ich greife, im Hochschwimmen, nach einer Wasserpflanze, sie kappt sich, die Wurzel bleibt. Ich fühle mich wie

ein Rasenmäher, so wie der Wassergarten zurück-
bleibt. Doch hinterher bin ich mir nicht sicher, wie
viele Spuren ich wirklich hinterlassen habe.

Wie wäre es, wenn man die Bäume einfach
so rausreissen könnte? Das Gefühl, wie ich in der
Natur sein könnte, wäre ein ganz anderes. Der Weg
wäre da, wo ich ihn will. Diese Wasserpflanzen sind
gross wie Bäume, und ich kann sie so leicht reissen
wie Donkey Kong in echt. Unter Wasser ist der Weg
da, wo ich hinwill. Fast wie im Weltraum. Die Füsse
brauchen nichts Festes, das sie hält, sie brauchen
keinen Weg mehr. Der Grund ist nah, so tief ist das
nicht beim Sprungturm. Draussen werden mir die
Pflanzen langweilig und ich finde die widerlich, die
schleimig sind, im Wasser macht das keinen Unterschied. Aber an der Luft ist es anders, auch wie sich
der faule Geruch überträgt.

Es ist schnell kalt und damit drückt die Entscheidung, ob ich nochmals ins Wasser gehe oder
eher heim. Ich schwimme nochmals raus, tauche
ab, sobald es sich lohnt, sehe einen Fisch, aber nur
kurz, dann verliere ich ihn, weil ich habe nur Arme
und Beine. Ich nehme Züge unter Wasser mit dem
Ziel dorthin, wo er hin ist, aber ich merke, wie ich
Luft brauche, wie das Abtauchen anstrengend ist.
Obwohl es viel weniger tief ist als vorher, hier kann
ich immer dem Grund entlang. Da wo die Luft

nicht mehr reicht, und ich wieder auftauche, ist es noch nicht viel tiefer. Wo die Tiefe beginnt, würde ich gern wissen, aber das ist vielleicht viel weiter draussen als der Turm und auch viel weiter, als ich, auch beschleunigt, vom Sprung tauchen kann.

Wie kann ich rausfinden, wo es wirklich runtergeht?

Unser See ist kein See mit vielen Booten, also Seegelboote schon, aber unter Wasser geht so gut wie keines. Ich stelle mir Schifffahren toll vor, wenn man bis ganz tief schauen könnte. Sonst ist es eigentlich doofer als schwimmen, weil da kann ich problemlos abtauchen, ein Stück wenigstens, leider nicht so viel, wie ich mir vorstelle. Am Ufer ist fast niemand mehr, ich zittere unter dem Badetuch. Die Frau vom Kassenhäuschen schaut mich mit grossen Augen an. Vielleicht wollen sie zumachen? Aber ich bin noch hier.

Ich gehe zur Badmeisterin, also eigentlich ist es Fabienne, die Annina kennt. Darf ich dich was fragen? Dann frage ich, ob der See überhaupt bis in die Tiefe geht, plötzlich bin ich unsicher, aber es interessiert mich ehrlich, nicht weil ich länger bleiben will.

Ja, nein, das ist schon ein echter See, sagt Fabienne, beim Sprungturm ist das Wasser fünf Meter tief, beeindruckend, wenn du da bis zum

Grund gekommen bist. Alle schaffen das nicht. Pass aber trotzdem auf. Besser einmal zu oft als zu selten schlucken, mit geschlossenem Mund, wenn du Druck verspürst. Ich nicke. Bis das Wasser wirklich tief wird, quasi bodenlos, ist es aber ein Stück weiter nach draussen, wohl weiter, als du rausschwimmen kannst. Das finde ich unverschämt, weil sie das ja nicht weiss. Ich nicke trotzdem nochmals. Die Tropfen kommen von oben. Fabienne schaut kurz hoch, als ein, zwei, drei sie treffen, aber dann erzählt sie schon weiter.

Es ist zehn Jahre her, seit hier wirklich ein Schiff runtergegangen ist. Das gab ein Fest, grösser als das Jugendfest, und die ganze Schule hatte Projektwoche dazu. Aber einen Verein für Tiefschiffe gibt es noch. Die Leute sind einfach ein bisschen alt. In so einem kleinen See könntest du nicht baden, und ich hätte nicht mal einen Job, wenn hier immer Schiffe tauchen würden. Die Mikrosplitter sind ein Problem. Weil sie so hart sind, schleifen sie sich im See nie rund ab, anders als es bei Kieseln und diesen Steinen, die fast Sand sind, passiert. Darum muss man im Bodensee zum Beispiel immer mit Schutzanzug baden.

Fabienne selbst hat die Stelle schon gesehen, wo es tief wird. Da sieht man noch ein paar Kanten, wie es schmal wird, der Durchgang, aber in der

Mitte ist es einfach ein Schwarz, das Wasser ist da kälter, bis oben, also nach oben sogar breiter verteilt. Darum weisst du, sagt Fabienne, wenn du über die Stelle schwimmst, dass unter dir der Mittelpunkt der Erde wartet, schon beeindruckend, also natürlich nur, wenn du unvorstellbar weit hinabtauchst und weisst, wo durch, weil es geht nicht einfach geradeaus. Wenn du das Wasser so magst, willst du vielleicht einmal Rettungsschwimmer werden?

Die Wasserwelt macht dir klar, wie klein wir sind, sagt sie, sogar sie als Erwachsene. Dann fragt Fabienne, wie es Annina geht. Annina hat Mami gesagt, sie sei auf Europareise mit Derya. Aber das ist nicht ganz wahr, sie ist schon auf einer Europareise, aber mit ihrer Läsion, das darf ich Fabienne schon sagen, habe ich das Gefühl. Sie sagt es Mami sicher nicht und kennt Annina gut genug. Mit ihrer was? Mit ihrer Läsion, mit ihrer Liäson, ich erkläre das Wort mit fast den gleichen Worten, wie Annina es erklärt hat, wenn man eine Person fest gern hat, aber sie nicht besitzen will. Dann sage ich noch mehr, als Annina mir gesagt hat: Vielleicht ist eine Liäson auch, wenn die Person Französisch studiert. Sie fragt noch mehr, als ich nicht mehr weiss, was sagen, muss ich wieder ins Wasser. Weil, es ist kalt in der Luft und bald kommt auch die Zeit, wann ich heimgehen muss.

Später im Sommer sage ich Annina das, da nervt sie sich. Hach, Fabienne ist doch einfach langweilig, weil sie an diesem See mit diesem Dorf festhängt, wo nie etwas passiert. Sie sei mir nicht böse, aber das nächste Mal solle ich nicht jeder Person, die mit ihr in der Schule war, ihr halbes Leben zu Protokoll geben. Ich sage, ist gut.

Mami fragt dieses Jahr immer, ob sie eine Wasserratte geboren habe. Schon bis richtig Sommer ist, bin ich noch drei Mal zum See. Immer am Donnerstagnachmittag, wenn die anderen Schule haben, Roman ist noch immer mit Mami, nur manchmal wird er aggressiv. Petrit muss mit dem Rektor reden, weil er an die, die eine Emailadresse haben, also auf seiner Klassenliste, zum Teil auch an die ganze Familie, eine Mail mit einem Video, das lustig ist, geschickt hat. Es heisst »The Internet is for Porn«, aber das verstehen die Eltern nicht, und die Lehrerinnen und Lehrer darum schon gar nicht. Petrits Eltern sind nun auch so streng geworden, weil andere anrufen. Nach der Schule können wir jetzt keine Zeit verbringen, noch nicht mal langsam laufen, nur so schnell, wie wenn wir im Stress wären.

Zum Geburtstag wünsche ich mir ein Videospiel, dass ich mit nach Italien nehmen kann. Es ist nun mit Farbe unterwegs und sogar ein Donkey Kong-Spiel, wo man auch andere Affen spielen kann. Annina sagt, als Kind hätte sie sich immer ihren Geburtstag dann gewünscht, wenn es schön ist, weil sie hat im November. Warum dann ein Game, wenn es auch etwas für draussen sein könnte, wie ein Trotti oder ein Velo oder ein Ball, der dann besonders gut ist oder einfach mehr kostet. Ich habe doch ein Velo, es ist gut, es scheppert einfach ein wenig, aber das tönt nicht blöd, eher wie ein Motor. Mami sagt, Annina hat doch recht. Wir waren schon lange nicht mehr so lange zusammen im Auto. Weil wir Annina von der Stadt heimbringen, was eine Reise ist.

Im Auto wird es langweilig, und ich bleibe dabei, weil es unfair ist, wenn Annina es blöd findet, sie kommt ja nicht mal mit nach Italien! Ohne sie wird es noch langweiliger, obwohl mehr Platz ist. Und Mami, du bist elektrisch auf der Fahrt, weil du nicht willst, dass Roman sich aufregt, wenn er zum Beispiel anstehen muss, um den Autobahneintritt zu zahlen. Ich sage es nicht böse, ich sage es ernst. Ich sage, es ist mir sehr ernst. Annina und Mami schauen sich an. Es wird nicht der Anfang von einem Theater. Sie haben viel Frieden, seit ihr grosser Streit vorbei ist.

Aber du hast doch gerade ein Videospiel bekommen, sagt Mami. Ja, aber Mami, ich habe ja auch gespart für dieses Game und das geht nur zuhause und ich habe einen Teil, der ein grosser ist, selber bezahlt.

Sie sagt, ich solle Papi überzeugen, wenn ich immer mehr will.

Das ist einfach, wenn ich sage, sie ist dagegen. Ob sie das weiss, weiss ich nicht. Ich mache es eben so, dass ich das nur sage, wenn es wirklich so ist. Das Beste an Videospielen ist, dass ich mich auf etwas anderes konzentrieren kann. Es ist dann so, als ob Papi und Mami nur so wichtig wie die anderen von der Klasse wären, oder sogar die Kinder vom Pausenplatz, sie können wenig nerven, und bei Roman schaff ich es, dass er ganz verschwindet.

Zuhause am Fernseher zu spielen, ist eigentlich zu beeindruckend. Die Welt ist so gross und in ihr kann ich mich bewegen wie in einem Raum. In dem Game für unterwegs ist das anders. Im grossen Spiel zuhause komme ich kaum weiter. So wenig nur, fast wie im echten Leben, wo die Schule so lange dauert und nur, damit wir dann schriftlich bruchrechnen lernen. Ich möchte ja weiterkommen, aber es fühlt sich gefährlich an, obwohl überall Pflanzen sind und alle leuchtend grün und die Explosionen wie im Trickfilm. Jeder Gegner macht mich nervös, und wenn er tot ist, fühle ich mich gut, und das ist genug, ohne dass ich das alles durchspielen muss. Unterwegs ist der Bildschirm kleiner, und es ist eher wie ein Spiel von früher. Eile mit Weile, wo das Hütchen gepackt wird und zwar aus richtigem Plastikmaterial. Aber es ist klar nur ein Hütchen.

Ich schaffe nicht nur Levels, sondern auch Welten auf dem Weg in die Ferien. Als die Batterien schon alle leer sind, sind wir erst knapp in Italien. Hat es im Ort, wo wir immer hingehen, überhaupt einen Laden für Batterien? Jona, lass uns erst ankommen, wir finden sicher irgendwo Batterien. Ich packe ein Buch über Quallen aus. Ich habe es schon lange, beim ersten Besuch bei Annina in der Stadt, gesehen, aber der Laden war zu, weil fast Nacht war und wir auf dem Sprung. Nachher kaufte sie es mir zum Geburtstag, weil sie es sich so gut merkte, sie ist als Schwester einfach toll. Es hat viele Bilder und ist keine Geschichte, also es ist spannend, aber für immer wieder nur kurz. Meine Schwester kauft mir ein Buch, weil sie viel lesen muss, und mein Mami kauft ein Videospiel, weil Bücher gibt es schon lange und Videospiele sind neu.

Wenn ich alles von den Quallen fertig angeschaut habe, sitze ich immer noch hinten im Auto und erst jetzt fällt mir auf, dass Roman flucht, fast ohne Pause. Über die anderen Autos vor allem, aber auch über die Zeit und manchmal darüber, warum wir das überhaupt machen. Monique, hast du das gesehen? Die sind doch alle verrückt. Mami sagt ihm wegen den anderen Autos manchmal, dass er sich zusammenreissen soll, aber was nicht so schlimm ist, wie er tut. Richtet er sich gegen die Ferien, wird sie streng und wütend mit ihm. Annina wäre so ausgerastet. Jetzt bleiben wir still, sie fehlt nicht nur darum. Mami und ich antworten nicht, so als wenn er ein wütendes Kasettli wäre, das einfach läuft. An der Raststätte kann ich was mit Zucker aussuchen, ein Donut nehme ich, das ist eine kurze Freude.

Als wir in Bologna sind, wo wir wieder wie vor Roman dazwischen übernachten, damit man im Liegen schlafen kann, ist es so spät, dass es nur noch Dessert oder eine Glace gibt, und Roman sagt, wenn ich nicht mal was Richtiges essen kann, habe ich sicher keine Lust, Batterien zu suchen. Mami antwortet, ruhig, was hast du denn jetzt wieder, ich hab ja gesagt, wir schauen, wenn wir unten ankommen. Dass ich beide höre, merkt man mir nicht an, ich laufe vor ihnen her und schaue einfach grad aus. Nachher bin ich froh, habe ich ein Zimmer für mich selbst im Hotel.

Da gibt es einen Fernseher und zwei Schalter wie Lichtschalter für den Ventilator. Als Annina noch dabei war, war es immer lustig, weil zum Sparen waren wir hier zu zweit in einem und Mami im zweiten Zimmer. Annina und ich haben dann

Heftli für Tourismus in Bologna in den Ventilator reingeworfen und ratsch! Dann haben wir kontrolliert, wie fest es schneidet und um Münz gewettet, in wie viele Stücke es zerfetzt wird. Für den ersten Moment freut mich diese Erinnerung, in die ich wie reinsitzen kann.

Dann im Bett bin ich wach und fühle ich mich sehr traurig und merke, wie ich weinen möchte, aber es ist blockiert. So als wäre alles Traurige in mir eingepackt und verschweisst. Wie mit dem Laminiergerät im Klassenzimmer. Weil es halt sonst zu lang ist und auch langweilig, und ich hier das Licht bequemer anmachen kann, ohne dass, wie daheim, Mami unter der Tür durchsieht, lese ich die »Drei Fragezeichen«, bis es mich interessiert und ich eintauche.

In diesen Ferien geht es mir oft so. Am Meer finden wir schnell Batterien. Aber weil es so heiss ist und mit den Sandkörnern und dem Plastik ein Risiko, ist es am Strand blöd mit dem Gamen. Sowieso kommt die Sonne fast immer so, dass es spiegelt.

Also lese ich halt und wenn ich nicht mehr mag, liege ich auf der Bastmatte, wie schlafend, und warte, bis wir wieder weggehen. Ich spüre dabei mein Gesicht sehr genau und den Geschmack vom Papier der »Fünf Freunde«, weil ich das Buch offen auf meinem Kopf liegen habe. Das ist auch gegen einen Sonnenstich. Ich finde es absurd, wie man sagt, in der Sonne sitzen. Weil ich mir dann vorstelle, wie die Sonne mich verglüht. Da merke ich, dass meine Knie brennen, und mir schwant, wie das bis am Abend werden wird. Ich habe die Sonnencreme vergessen, Mami!, warum hast du mich nicht erinnert? Sie sagt, oh nein, und reicht sie mir aus dem Strandkorb und sagt weiter, du bist doch schon gross. Ich bin genervt, als ich mich eincreme. Zu dritt wäre das nie passiert. Mami will mich lieber überzeugen, mit ihr Muscheln zu suchen, aber ich habe keine Lust, vor allem jetzt nicht. Sie sagt, sie geht gern allein. Ich glaube, sie tut es nur aus Prinzip, damit ich vielleicht doch noch dazukomme. Aber ich bleibe liegen, die Sonne heizt mich auf, von den Beinen bis zum Bauch, und eine Entschuldigung bekomme ich nicht.

Was ich weiter gern habe, ist, wie der Bast schmeckt, und auch das Papier, wenn es auch chemisch ist, weil die »Fünf Freunde« neuer sind als zum Beispiel Karl May daheim. Ich bin, was das Riechen angeht, sehr zufrieden, das Einzige, das nervt, ist Romans Parfüm von seinen Kleidern. Wenigstens schwimmt er fast immer und lässt mich am Strand in Ruhe.

Das Meer ist mir langsam zu egal, nur weil das Wasser schwerer ist, machen sie alle so ein Zeug daraus und tun, als wäre es nicht Teil vom selben. Dabei sind doch Seen das eigentlich Spezielle, mit ihrem leichten Wasser. Das Salzige ist das Normale. Ich gehe lieber allein an den See, weil man wird in Ruhe gelassen, es hat keine Hotels für Menschen von sonstwo, und fürs Tauchen ist Süsswasser auch besser.

Als ich aufsitze, drückt die Sonne schon weniger. Man sagt zu ihr Nachmittagssonne, obwohl sie am Himmel nur ganz wenig verschoben ist, und einen Unterschied in ihrem Aussehen gibt es nicht. Sowieso ist es dieselbe, es gibt viele Sonnen zwar, aber ich kann mir keine andere vorstellen. Eine von ihnen ist 50 mal eine Million grösser als unsere. Wir würden einfach verbrennen, und es wäre kein Thema mehr, ob ich gebrannte Erdnüsse kaufen kann oder ob ich mich richtig eingecremt habe. Im Sitzen denke ich dann daran zurück, wie ich mir schon in den Ferien früher vorstellte abzutauchen. Und wie ich letztes Jahr lange aufs Wasser schaute. Will ich versinken? Es ist einfach faszinierend, das ist, was es ausmacht.

Ich lache über mich in mir drin und dann geht es nicht mehr lang. Ich bin wie im Film, also, ich spüre und sehe, wie echt sich der Thermoanzug anfühlt. Wie ich dann tauche und tauche und tauche. Ich weiss wieder, wie es ist, wenn ich da bin.

Es ist mir so bekannt wie der Geschmack meines Nuschis, der Decke, die ich seit ganz klein habe. Sie schmeckt nach Stoff und irgendwie süss, und ich bin kein Baby und will sie nicht mehr, aber beim Aufräumen finde ich sie manchmal, der Geschmack ist ganz tief. Ähnlich, aber in schlecht, kenne ich es auch, immer wenn ich bei Roman ins Auto steige. Zum Einsteigen ist es blöd, weil die Räder so hoch sind und darum alles so hoch ist. Ich muss mich hochziehen, und wenn ich oben bin, ist alles voll vom Geruch von seinen Sitzen. Das Polster ist wie Leder, aber nicht echt. Ich denke das und tauche dabei weiter.

Nachdem ich bereits so lange durch das Kalte, das Dunkle geschwommen bin, nachdem keine Wärme mehr in meinem Körper ist, aber das Frieren schon hinter mir liegt, wenn es brennt und dann nicht mehr, packt mich ein Strudel. Er zieht und zieht, und ich sehe die Löcher auf allen Seiten um mich herum, nicht alle in der gleichen Form, sondern verschieden grosse, so wie die Natur halt ist, die Löcher sind nicht gebaut wie Röhren, die man zusammenschrauben muss. Weil alles zusammenpasst, wie wenn man einen Bienenstock durchschneidet, und trotz der verschiedenen Formen, ist es ein unglaubliches Gebäude. Schon auch wie die Fenster von einem Block, der höher ist als jedes

Hochhaus, das ich kenne. Es geht weiter und immer weiter, auch wie in einem Film.

Als der Strudel abnimmt, sehe ich es sofort rund um mich herum. Alles ist nun vielfach, auch die Luftbläschen tanzen Ballett wie eine grosse Gruppe. Das ist so, wie ich es mal gesehen habe in einem Trickfilm mit Flamingos. Die Bläschen, die aus meinem Mund kommen, sind im Spiegel, an allen Kanten vom Diamanten, und es gibt auch viele Blasen in echt und im Spiegel. Was Blasen sind, die einfach platzen, und was lebt, weiss ich nicht sicher. Aber es gibt Blasentiere, bei denen es eindeutig ist, weil es in ihnen pulsiert und zwar nochmals anders, als es einfach das Wasser tut und der Rhythmus der Spiegel, die überall sind.

Die Blasentiere, die so aussehen, wie sie heissen, haben silberne Haut oder halb durchsichtige Haut. In ihnen drinnen tanzen sogar Blasen, aber sie sind immer wieder von Haut begrenzt, durchsichtig wie Kaulquappen, aber mit weniger Körper, sie sind sehr verschwommen und ändern ständig ihre Form zwischen den wilden Luftbläschen.

Als der Strudel aufhört und es in keine Richtung weitergeht, sehe ich um mich herum. Es dreht sich der Raum, während ich still da bin. Laut ist es, wie in einer Turbine, wie beim Damm, wo Wasser zu Strom gemacht wird, vielleicht noch lauter, ich bin mir nicht sicher, wie viel es über dem Maximum laut ist. Die Blasen und die Tiere, manche sind klar wie Quallen und andere sind fest und suchen die Spiegel, sie haben grün innendrin und sie wollen in die Strahlen hinein. Manchmal blendet mich ein Strahl, wenn die Blasen voll davon sind.

Jetzt habe ich den Kern im Blick. Er sieht nicht gross aus, wie ein Apfel, dann wie ein Velo, und wie ich zu ihm schwimme, erreicht er schon die Grösse von einem Haus, aber vielleicht eher so wie eines vom Schrebergarten. Als ich ihn berühre, bleiben die Luftbläschen bei mir, als wäre jedes eine Freundin oder mein Kind, jedes bleibt bei mir, klebt an meinem Thermoanzug.

Es gibt hier keine Richtungen. Solange ich weiss, von wo ich gekommen bin, gilt wenigstens noch links, rechts, oben, unten, aber ich muss es sehr genau wissen, darum habe ich immer das Seil dabei. Wäre ich wirklich dort, hätte ich von Anfang an dran denken müssen und vielleicht wäre ich irgendwo festgehangen, aber das kann ich mir nun nicht zu sehr überlegen, sonst hören meine Vorstellungen auf.

Ich bin nämlich nicht so gut darin, also in den Richtungen. Wo die Sonne aufgeht und wo sie tagsüber genau ist, muss ich mir immer anschauen. Manchmal verwechsle ich auch links oder rechts, und jetzt gibt es hier ja nochmals sowas wie ein linksrechts mehr als linksrechts, weil es von der Mitte her viel mehr Richtungen hat.

Hier ist es so, dass jede Verschiebung mich wo ganz anders hinführt, vielleicht würde ich lange suchen, wo es hindurchgeht, wie ich zurückkomme, vielleicht schwämme ich in ein Loch, das in eine Sackgasse führte oder in eine Vulkankammer und käme höchstens als Mumie zurück raus auf die Erde. Und wenn ich einen Gang verfehle, wäre es sehr leicht, dass ich zum Beispiel, einfach weil es sehr bekannt ist, in Griechenland auftauchte. Seit den Frühlingsferien haben wir den Zirkel in der Schule und gelernt, wenn etwas krumm ist, findet man seine Länge am besten mit einer Schnur und einem Lineal raus. Aber das ist nicht mein genauestes Thema in der Schule. Und darum, wenn ich es mir überlege, weiss ich nicht, ob ein Seil wirklich hälfe. Von der Natur habe ich eine Ahnung, aber über die Technik, mit der Menschen hier forschen können, weiss ich zu wenig. Nur wegen dem Glas, das bricht, habe ich den Thermoanzug an. Aber ich weiss auch, dass es eigentlich nicht geht zum Tauchen. Denn das Wasser drückt mehr als viele Elefanten, vor allem alles Wasser von der ganzen Welt. Ich würde einfach platzen.

Doch zum Glück ist es nur meine Vorstellung.

Ich sehe es vor mir und um mich herum, sehe das Karussell. Sehe, wie sie drehen und wirken, als wären es Lampen, als wären sie von Menschen gemacht, wie an der Messe. Doch ich weiss, dass es eben keine Ränder gibt, die das Wunderbare auflösen, es bleibt, weil die Tiefe echt ist. Die Figuren, die sie wirklich sind, sind wie von einer anderen Welt, so sehr, dass sie vergrössern, sich nicht auflösen. Ihre Knautsch-körper, ihr Puddingwesen, ihr Durchsichtiges, das ich pressen, drücken, schieben, drehen kann – ohne dass es sie stört und mich auch nur, wenn sie giftig sind. Ihr Leuchten kommt aus der Flüssigkeit und trifft die Kanten der Kristalle, klar wie Glas, aber vol-ler Spuren und Risse, Dreckigem. Sie sind gepresst, und wenn Steine genug zusammengedrückt werden, werden sie zu diesen Kristallen. Ihre Spuren, die sie auf dem Planeten selbst hinterlassen, machen sie zu viel mehr als alles, was sich Menschen je überlegt haben. Willst du Meeresfrüchte oder Pizza?

Sag mal, Junge, träumst du?

Ich frag nicht nochmals, Monique ist aufs Klo und will aber wissen, was du möchtest, bevor sie sagt, in welches Restaurant sie will. Es ist Roman. Er habe Bock auf Fisch. Wenn wir schon mal hier sind. Ich sage, ok. Also, kann ich Monique sagen, dass du lieber Meeresfrüchte hast? Ja. Danke, Mann, bist ein guter.

Es ist so, dass mich die Tiefe fasziniert, aber wenn ich ehrlich bin, sind Bildschirme etwas, das ich wirklich sehr haben will. Wenn ich in den Laden gehe und die Taucherausrüstungen sehe, weiss ich, dass ich dafür zu klein bin, aber auch wenn nicht, denke ich höchstens, die ist praktisch zum Tauchen. Ich will sie nicht unbedingt. Nicht wie eine Gier, nicht wie Dagobert Duck alles unbedingt will. Also, sie können mich nicht wegziehen, wie es mir passiert ist am Meer, aber das vom Meer habe ich auch niemandem erzählt. Stattdessen beim Znacht wollte ich, sobald mein Hunger nur noch ein bisschen war, sehr fest das Game. Mein Game mache aber gar keinen Sinn mehr, weil das Neue, das es jetzt grad gebe, drei verschiedene Figuren zum Spielen habe. Weil ich nicht mehr anders konnte, und weil Roman vielen Ideen den Platz wegnimmt, habe ich das so hingesagt. Das war aber wie ein Aufschlag. Vor dem Dessert darf ich mein Game hervorholen. Mami sagt, sie kann da nicht mitreden, weil sie es nicht verstehe, doch es koste halt jedes Mal Geld. Roman ist interessierter, ich gebe ihm das Spiel. Du musst springen. Rollen, rollen, das macht man mit B, B drücken, jetzt! Nein. Ok, du bist tot. Ich spüre ein wenig meinen Triumph. Er kann es nicht. Ich lass ihn nochmal. Mami nimmt dann noch einen Espresso, und ich sehe ihr an, dass sie ein gutes Gefühl hat.

Am nächsten Tag sind wir wieder am Strand. Und es passiert nicht mehr mit mir und dem Meer.

Immer kann ich wie mit der Erinnerung an die Erinnerung mitgehen und zum Teil auch ins Wasser, aber ich mache es nur bis dahin, wo ich stehen kann, falls mich die Gedanken sonst verleiten, bis ich keinen Boden mehr habe. Mami schwimmt ihre Runde, die sie für sich getestet hat. Roman geht nicht mehr ins Wasser. Ich fand das bisher eigentlich gut, doch mit ihm ist nichts sicher. Als ich zurück bei den Tüechlis bin, sagt Roman, dass ihm langweilig sei und ob er das Game nochmals probieren könne. Es geht nicht am Strand wegen dem Sand, erkläre ich, und der Sonne, also habe ich es im Zimmer gelassen. Wirklich? Er guckt so. Als Mami zurückkommt, sagt Roman wieder das Gleiche, wie langweilig ihm sei, und für den Rest des Tages guckt er so rum wie eine Art von Buben auf dem Pausenplatz. Ob jemand schaut und ob dieser sich in seine Augen traut.

Als wir im Laden stehen, sagt mir Mami, ich kann mir aussuchen, welches Game ich will. Und ich wähle die Schlägerei, Mortal Kombo, und Mami kauft das Game sofort. Ich glaube, es geht auch darum, dass ich die Ferien vergesse, vielleicht auch, dass sie sie sogar selbst ein wenig vergisst. Auch vergisst, wie er bei der Raststätte so auf die Vitrine geschlagen hat, bis sie kaputtging. Wir mussten mit Roman ins Spital, und er hat die ganze

Fahrt Panik gemacht, weil er dachte, er habe eine Blutvergiftung. Sie hat gesagt, das kann nicht sein, so wie du blutest, da kommt's nicht drauf an, so wie du geblutet hast. Sie hat gesagt, dann ist es egal, ob du deine Hand im Crevettencocktail oder im Desinfektionsmittel badest. Da ist er sehr wütend geworden und bewegte sich so, dass er ihr wehtat, wie ein Schlag, aber mit dem Ellenbogen. Heeee! Sie hat einen Witz versucht.

Psst, Jona! Danach habe ich nichts mehr gesagt. Es gab auch keinen Platz, weil er hat gejammert für den Rest des Wegs. Zu Mami hat er gesagt, sie solle schneller fahren und darunter war immer noch eine Ladung. Erst dort, wo man schon Deutsch spricht, will er ins Spital. Das ist auch überhaupt der Grund für das ganze Theater. Aber dann musste er lange warten und fand das auch wieder nicht gut.

Wie er geschrien hat, als wir wieder aus dem Spital waren.

Der Grund, warum er so wütend war, schon die ganze Zeit, ist schwierig zu finden, also ich verstehe es nicht im Moment. Am Schluss war es, weil er meinte, sein Wohnungsschlüssel sei verschwunden und ich hätte ihn gestohlen, was komisch ist, weil wir ja grad erst heimgekommen waren, und ich immer mit ihm unterwegs war und gar nicht weiss, wie sein Schlüsselbund aussieht. Und es mich nicht interessiert, ich sage, lass mich allein. Denn mir geht es darum, so schnell wie möglich für mich zu sein, und oben in meinem Zimmer.

Dann ist er zu mir gekommen. Ich stand am Kofferraum, und habe gesucht, was meins ist, zum Autoausräumen. Er hat gefragt, bist du blöd, was willst du mit der Sonnenbrille, es ist dunkel, und hat sie mir mit der Hand im Verband vom Kopf geschlagen. Roman machte das so, dass er mir gar nicht so fest wehtat. Er hat auch gar nicht den Blick gehabt wie vorher mit dem Ellenbogen oder noch danach im Auto. Es war wie automatisch passiert. Und damit hörte der Tag noch nicht auf.

Später klopft er und fragt, ob ich einen Film schauen will. Es ist das Spezielle an Roman, dass es schon auch sehr schön sein kann, was sogar ich zugebe, dass er lieb ist und dann plötzlich wechselt er es wieder. Seit ich das mehr als einmal erlebt habe, finde ich es immer schlimm mit ihm, egal welche Laune er hat, darum sage ich, nein, es ist viel zu spät. Wie er sich so ausklappen kann an einem Tag, wenn so viel passiert, ist fast nicht verständlich. Ich liege im Bett und ich liege wach und als ich schlafe, gibt es keine Batterie im Game mehr. Damit war der Tag um und es kommt ein nächster.

Das ist dann eben einer, an dem ich mit Mami in die Stadt gehe und sie mir plötzlich ein neues

Game kauft. Sie sagt nicht, mit was es nun zu tun hat, dass ich es nach Italien bekomme, und auf das Mindestalter schaut sie auch nicht.

Eigentlich brauche ich auch keinen neuen Rucksack, Mami, weil meiner ist ja nicht kaputt. Sie sagt, wegen der Marken ist jetzt der Moment, wo es sich lohnt. Und am Anfang, das weiss ich noch ganz genau, fandest du ihn aber blöd. Sie taten gemein mit dir, wegen der Farbe.

Selbst wenn es dafür keine Sammelmarken gibt: Ich würde lieber haben, dass es mal nicht angespannt wäre. Oder eine Woche ohne Putzen. Putzen ist eine Sache, wo es nicht um die Sache geht. Lieber, wirklich viel lieber wäre es mir, wenn ich wüsste, mir kann eine Woche lang nichts passieren, weil ich vergessen habe, unter dem Fernseher abzustauben, oder einfach wegen den Launen der Erwachsenen daheim. Wenn mein Zimmer wie eine Tiefseekapsel für sich wäre. Ein Gutschein, dass ich nichts falsch machen kann. Ein Gutschein für kein Schuldhaben an nichts. So einen Gutschein für: Mami geht es gut, Roman kommt gar nicht vor in dieser Woche, und ich putze so, wie ich putze, und es ist in Ordnung, wie es ist, und wir finden kein Problem mit dem Dreck. Die Pflanzen im See sind grün und leuchten und wachsen aus dem Schlamm.

Manchmal verstehe ich nicht, weshalb alle sich so anstrengen, bis sich alles verklemmt. Mami macht sich immer einen Stress, dass sie am Abend zuvor kocht, damit ich es nur wärmen muss. Aber es ist gar nicht nötig. Es wäre für sie, für mich vielleicht auch, besser, wenn das nicht so wäre. Ich stelle mir vor, wie ich Gutscheine gegen den Schmerz verteile. Sie sind wie Tombola-Lose, aber kein Einzelner entschuldigt sich mit »Merci«, sondern alle versprechen Ruhe. Vielleicht mit einem Druck, wie beim Eintauchen vom Sprungturm. Der Druck tut nicht weh, sondern zeigt, dass die Ohren zu sind und sicher.

Anderen Kindern geht es schlimmer. Das sehe ich auch im Fernsehen, wo viel erfunden wird, aber die Ideen für das Erfundene kommen ja von irgendwoher. Mami sagt das oft, wenn wir einen Film anschauen. Vieles ist schlecht auf der Welt.

Aber grad sagt sie, es ist doch besser, das Schuljahr neu zu beginnen, mit einem neuen, leuchtenden Rucksack, da fühlst du dich doch neu, auch wie ein anderer. Du willst sicher den mit dem Neon und nicht nochmals einen, der glitzert? Aber ich habe das Gefühl, ein bisschen schenkt sie den neuen Rucksack auch, weil der andere von meiner Tante ist, und sie die Schwester von Papi ist.

Im Laden hat es auch solche mit Fellen von Kühen. Ich finde eigentlich toll, wie sich ein Fell anfühlt, aber es ist auch gemein. Weil es ist ja ihre Haut. In der Schule haben nur zwei Kinder oder so einen solchen. Sie leben, glaube ich, auf einem Bauernhof, und da macht es Sinn. Mein neuer, den ich wähle, ist toll. Er zeigt, wie tief unten im Meer, welche Arten von Tieren leben da, wo die Sonne nicht mehr hinreicht.

Die Tiere leuchten, wenn es dunkel ist, auch, damit mich kein Auto überfährt. Links am Rucksack sind so Seepflanzen und Algen, wie ich sie schon ertaucht habe. Auf der rechten Seite sind Korallen, das sind Städte von Pflanzen, Tieren und solchen dazwischen oder darüber, die Anemonie, die im Meer lebt. Es ist unlogisch, wie die Lava aus den Wänden des Skeletts quillt. Wenn in Wirklichkeit Lava kommt, zischt es, und man sieht nichts mehr, nur Dampf und Schutt. Die anderen Kinder wissen das nicht, und für mich allein hat man den Rucksack ja nicht gemacht.

So wie ich es gesehen habe, leuchten die Blasentiere im Kern in Wirklichkeit anders. Doch wie habe ich es wirklich gesehen? Weil das, was ich weiss, kommt ja aus Fotos und Geschichten und Texten, die sich in meinem Kopf zu Bewegungen gebastelt haben.

Die Erde ist am Rand vom Wasser aus dem gleichen Material, aus dem die Verschlüsse vom Rucksack sind. Es gibt den Rucksack auch mit einem anderen Material, alles, was bei mir leuchtet, ist da aus demselben Material gemacht wie der Regenbogenfisch im Kinderbuch, silbrige Schuppen, das ist peinlich, und ich wollte keinen solchen, denn mit so einem ist es immer schlimm in der Schule und auf dem Schulweg. Mit den Powerrangers hat man am wenigsten Probleme, obwohl sie bunt sind. Schon mit meinem Neuen bin ich unsicher.

Das ist der Grund, warum ich Petrit frage, nicht zum Start vom Schuljahr, sondern erst am Freitag, wenn wir beide um halb neun Schule haben und zusammen auf dem Weg sind. Wir haben wie eine Abmachung, es ist schön, weil wir gar nicht darüber sprechen müssen, dass wir zu früh dort sind, wo unsere Schulwege zusammenkommen, damit wir danach zu langsam sein können. Er findet den Rucksack gut. Ich sage ihm aber nicht alles, zum Beispiel, wie mich stört, dass die Tiere und der Kern in der gleichen Art leuchten und alle Tiere gleich. Dabei weiss ich, dass es anders ist. Die Arten, wie geleuchtet wird, sind so verschieden, und es gibt auch die, die wir mit normalen Augen von Menschen nicht sehen können. Petrit erzählt, dass er endlich wieder Besuch haben kann, und seine Eltern wieder mehr zufrieden als böse sind. Weil sie genug wütend waren wegen dem Video im Internet, das er den anderen Kindern geschickt hat. Sehr lange haben sie mich einfach allein gelassen, und es war streng. Die Kinder, die ich sehen konnte, waren alle langweilig und in der Familie. Also, sie sind schon in Ordnung, aber ich kenne sie schon immer von den Festen.

Ich habe mir nie überlegt, dass Petrit überhaupt Besuch von anderen Kindern hat, aber ich sage das nicht. Vielleicht denkt Petrit ja dasselbe von mir. Ich sage, dass ich es spannend fände, mir vorzustellen, wie die Eltern nicht nur zufrieden seien oder böse, sondern beides gleichzeitig und unterschiedlich stark.

Bei mir sind auch früher mehr Kinder gekommen, im Kindergarten, und als ich das denke, merke ich, wie ich fest über etwas Eigenes reden möchte. Mir fällt nur wieder der Rucksack ein und darum sage ich Petrit, dass der andere Rucksack mit Verzierung im Regenbogenfischstil war. Der Regenbogenfisch sei für Babys, deshalb habe ich diesen ausgewählt.

Petrit findet den Rucksack nochmals gut und die Kinder blöd. Was wir wissen und nicht sagen: Petrit gehört zu denen, die immer geschlagen werden, also weiss ich nicht, wie sicher seine Meinung ist. Aber von Buben, die blöd sind und im Vergleich zu allen Kindern in der Schule sind sie eigentlich nur ein paar, wirken aber immer wie viel mehr. Früher haben sie auch Sprüche über mich gemacht, auch zum Rucksack, dem von meiner Tante. Und weil ich mal meine Hose weit nach oben zog, weil sie zu lang war, sagten sie, Bauer, dummer Bauernbub, Bauer, dummer Bauer, Bauernbengel, Bengel, Balg, Sack, aber ich habe nicht reagiert und darum wurde es ihnen langweilig.

Als mir das einfällt, hake ich nochmals nach. Menschen sagen nämlich nicht immer, was ist von sich aus, weshalb ich frage, was er denkt, dass die anderen Kinder den Rucksack wieder blöd finden. Petrit, das merke ich, merkt, dass ich seine Meinung brauche. Das war der Alte, wirklich, mit deinem neuen, findet er, nur schon weil es ein Rucksack in der Form ist, die fast alle haben, passiert dir nichts. Es haben Bauern ja auch kein Aquarium. Und wenn sie wegen den Bildern drauf blödtun, kann es ja auch sein, dass es mit der Wasserwelt ein Zufall ist, weil du dich gar nicht dafür interessiert hast, was auf deinem Rucksack genau ist. Er ist wirklich in der Form wie die Rucksäcke, die alle haben.

Damit ist das geklärt und wir haben noch mehr Themen.

Petrit sage ich das nicht, ich würde vielleicht, wenn er zweimal fragen würde: Ich habe das Gefühl, er ist auch schuld, nehmen die Buben, die paar, die eigentlich wenig sind, aber viel verändern, immer ihn dran. Er reagiert immer und manchmal gibt er zurück, immer weiter mit Wörtern, wenn sie schon lange am Kicken sind.

Was Petrit dann erzählt, macht mich wütend. Aber nicht auf ihn, sondern ich frage mich, ob Frau Mahler eigentlich an die Welt denkt und weshalb ich nicht wie Petrit bei Frau Romano bin. Schon wieder ist seine Klasse weiter. Sie wissen schon, wie alles zusammenhängt.

Zum ersten Mal eine Idee davon gefunden, wie das Weltinnere funktioniert, haben sie auf Eisland, wo heute Wasser ist, das war vor 800 Jahren und ging vergessen, bis ein Professor Liderbrock oder Leistenbruch oder Lederbrick, ein Professor für Steine, das wieder gelesen hat in einer alten Sprache, die niemand spricht, ausser er und ein paar andere Erforscher. Ich habe das mal von Annina speziell in Wörtern gehört, die ich verstehen soll. Petrit weiss schon genau, warum das alles so gekommen ist, von Anfang an. Sie haben in seiner Klasse die richtigen Wörter gelernt, einfach noch nicht alle. Ich sage, Frau Mahler kannst du nicht brauchen und kannst du es mir sagen? Alles will mir Petrit nicht beibringen, weil wir sonst zu spät kommen und Frau Mahler mich ins Schönschreib-Nachsitzen schickt. Das ist nur schon unfair, weil ich Linkshänder bin und wir Füller haben. Petrit sagt, vor sehr langer Zeit wollte das Wasser in die Mitte der Welt. Damals war die Welt im Kern noch überall heiss und hat geglüht, das Wasser war mehr, es war so viel, die Welt war Eis, vor Millionen Millionen Jahren und vor halben Millionen Millionen drängte Wasser von oben das Wasser darunter nach unten, alles dampfte und spuckte. Die Einzigen, die das erlebt haben und die es noch gibt, sind Eidechsen. Darum, sagt Petrit, ist es so, wenn du Eidechsen in die Pfanne wirfst und das Wasser kocht, macht es ihnen nichts.

Es war, als es angefangen hat, einfach mehr Wasser als glühendes Flüssiges. Es hat in die Gänge und in die Tiefe gedrängt und gepresst, so fest wollte es dahin wegen der Schwerkraft, es hat gezogen in alle Richtungen, bis das Gestein so gepresst war nach der Hitze, dass es jetzt glänzt und glitzert. Und dann hat sich in einem Teil wieder dieses Magenta, wie es richtig heisst statt Lava, um das Wasser herumgelegt, vor allem weiter oben kann man deshalb den Diamanten fast nie sehen. Erst im Kernraum, wo auch der letzte Rest vom glühenden Kern eingepackt ist, verschlossen, er speit einfach manchmal, so wie wir niesen. Meistens ist er ruhig und rundherum ist ein Karussell aus Wasser und Wesen. Ich sehe es vor mir, weil ich dort war, als ich aufs Meer geschaut habe.

Und es gibt auch Kammern voller Lava, Magnum, Magma in den Kontinenten und auf den Platten mit Inseln und Unterwasser, die Kammern sind so wie die Caramelfässer in der Glace, die Papi immer im Tankstellenladen kauft.

Eidechsen haben auch Probleme mit Hitze, glaube ich. Petrit hat keine Ahnung. Was er sagt, ist Blödsinn, denn an anderen Orten werden sie auch gebraten. Petrit schaut, als hätte er erwartet, dass ich so bin. Ich habe das Gefühl, er denkt, ich sei immer quengelig und nie für etwas. Er sagt, also probieren wir es aus. Wir fangen Eidechsen und versuchen, sie zu kochen. Bei ihm ist diese Woche am Tag niemand zuhause, weil seine Mutter an einer Konferenz ist, und sie haben eine sehr grosse Pfanne. Eine grosse Pfanne haben doch alle zuhause, sage ich, das ist doch normal. Aber was ich nicht zugebe, ist, dass ich gar nicht weiss, wie man Sachen kochen kann. Ich habe erst ein Spiegelei gemacht, da braucht es Butter, und es ist auch eklig, eine Eidechse zu nehmen und in die Pfanne zu tun. Ich weiss nicht, ob sie glibbrig genug ist, ob es keine Butter braucht. Sie sehen aus, als wäre ihre Haut aus Öl. Ich weiss nicht, sage ich, und wir können ja telefonieren für Mittwochnachmittag, aber ich muss dringend aufs WC, Petrit, es geht nicht mehr, wir sehen uns später. Ob ich nicht in der Unterführung wolle? Nein, da ist es nicht sauber und man weiss ja nie, dann sitzt da Klonkilonk und was mach ich dann, tschüss. Schon renne ich voraus zum Schulhaus, am Anfang meine ich immer, ich kann das ewig, aber es sticht dann in den Seiten vom Bauch, und ich muss atmen. Es tut sehr weh und ich bin über meine Grenzen hinaus, aber ziehe es durch. Ich renne an den Kindern vorbei, die um die Treppe beim Eingang stehen, in den Gang, gehe wirklich auf die Toilette. Ich spüle sogar. Was ja komisch ist. Und ich weine, weil ich Petrit allein gelassen habe, zum Glück ist sonst niemand da, aber es ist blöd, hat es nur diese grauen Papiertücher, die recyclet sind, die schmirgeln, als ich mir damit die Augen trockne.

In der Klasse merkt es niemand, hoffe ich. Ich möchte gerannt sein, weil ich wirklich aufs WC hätte müssen. Dass mein Rennen war, weil ich Angst hatte, dass es peinlich wird. Während dem Rennen glaubte ich fast, dass es so ist, als müsste ich. Ich kann es mir so einreden, dass ich es im Machen selbst glaube. Die Sache ist mir ja sogar mal passiert, vielleicht habe ich da geweint, das weiss ich nicht mehr. Im ersten Jahr im Kindergarten war das, und schlimm. Als das Warme, das schnell kalt wird, die Hosen hinunterlief, ich war zuoberst auf dem Hügel vom Spielplatz und es hat so gebissen, weil es nicht Wasser ist, und ich durfte in ein Zimmer von der Frau Forint und dann ist mein Mami gekommen mit neuen Kleidern. Du lernst das schnell genug, es ist nicht schlimm, und das stimmt auf eine Art, seither ist es nicht wieder passiert. Die anderen Kinder entschieden, dass ich ein Baby bin. Aber jetzt hab ich gar nicht aufs WC müssen, es war wegen Petrit. Weil ich bin gerannt, weil ich nicht mit ihm sein wollte, wenn sich unser Schulweg mit jenem der Kinder von der anderen Seite kreuzt und zusammen weitergeht. Wenn sie ihn wieder schlagen wollen, hätten sie mich vielleicht auch. Das zu erklären, wäre kompliziert geworden. Hat er es gemerkt? Ich weiss es nicht.

Er ruft dann wegen den Eidechsen an. Es ist ihm sicher wichtiger, mir das zu zeigen, als nachtragend zu sein. Einmal habe ich gehört, Nachtragende seien gleich schlimm wie Petzer. Ich frage, warum er angerufen habe. Ja, wegen der Zeit, wir haben noch gar keine Zeit abgemacht.

Als ich um halb zwei am Mittwoch bei der Wohnung von Petrit läute – er wohnt über dem Bahnhof, es ist schwierig den Eingang zu finden, weil er so versteckt ist, damit er nicht mit Orten verwechselt wird, wo alle hingehen können wie der Kiosk – habe ich Angst, dass es komisch wird. Aber er ist dann so nett wie zuletzt, also sonst. Er weiss ganz sicher nicht, dass ich gar nicht aufs WC musste. So fest nett, dass ich vergesse, was passiert ist, nicht alles natürlich, einfach, dass ich weggerannt bin und es für Petrit vielleicht blöd war, oder er geschlagen worden ist, daran erinnere ich mich erst am Abend zuhause wieder.

Petrit hat ein Gilet an, sandfarbig, mit vielen Taschen dran. In einer ist ein Messer. Ich bin eifersüchtig, weil er diese Sachen hat, und er sagt, er wird Tiere erforschen, das macht er, seit er einen Kosmoskasten hat, der ist für Experimente, eigentlich erst für ältere Kinder, aber zusammen mit seinen Eltern kann er ihn schon brauchen. Sie verstehen selbst Sachen, und er ist zu schlau. Für heute hat Petrit ein Konfiglas parat gemacht, schon mit Löchern reingeschnitten. Er ist wirklich vorbereitet, und ich weiss gar nicht so viel dazu. Wenn ich ehrlich bin, stört es mich ein wenig, dass Petrit, der ist, der alles weiss.

Ich freue mich, da zu sein und frage mich, warum wir sonst noch nie abgemacht haben, aber ich mache auch mit kaum Kindern ab. Vielleicht bei Papi gehe ich manchmal Fussballspielen, auch um was anderes zu tun, als vor dem Fernseher zu sitzen, mit den Kindern von den Nachbarn. Du darfst eine Lupe tragen, entscheidet Petrit. Wenn wir eine Eidechse im Glas haben, das ist das Ziel von heute, können wir mit der Lupe und der Sonne probieren, sie heiss zu machen. Wenn wir ihr dann nicht weh machen, also sie einfach weiter so ist wie immer, ohne Schnitte und Verletzungen, können wir sie auch in die Pfanne werfen. Dann ist sie sicher. Und wo wollen wir suchen? Petrit sagt, der Schotter vom Bahngleis sei für Eidechsen das Beste, da tun sehr viele leben, einmal war ein Mann hier, der in der Natur schafft, von der Gemeinde, aber für die Natur, und der weiss das und er hat mit meinem Mami gesprochen, komisch auf Hochdeutsch, wie in der Schule, obwohl mein Mami ja nicht in der Schule ist. Sie müssen genau hinschauen und gut beobachten und aufpassen, um sie zu sehen. So habe der Mann das gesagt.

Auch wir müssen aufpassen. Alle zwanzig Minuten fährt ein Zug vorbei, sagt Petrit, und ich schaue auf den Plan und sage, das stimmt nicht. Doch Jona, auf dem Plan sind nur die Züge, die halten, aber es gibt viele schnellere und manchmal, aber das fast nie, einen Güterzug. Ich sehe das immer vom Fenster in meinem Zimmer aus. Du musst mir hier vertrauen. Kannst du das? Ich sage, ja.

Es hat Eidechsen, aber ich sehe sie nur von weit weg und noch weiter weg sehe ich Petrit, der dort vorne ist, wo das Gleis nach dem Bahnhof weitergeht, weil er sagt, wir vertreiben sie uns sonst gegenseitig, wenn wir zu nah sind, und ich gehorche. Mir fallen vor allem Verpackungen auf zwischen den scharfen Steinen, auch von Tabletten. Es ist nochmals heisser als auf dem Platz. Ich habe Turnschuhe an, Petrit auch, solche mit dünnen Sohlen. Ich stelle mir vor, was passieren würde, wenn wir, also einer von uns, auf eine Spritze träte. Weil ich weiss sehr gut von daheim, dass das passieren kann, vor allem am Bahnhof und dort, wo es dreckig ist, da ist es sehr gefährlich. Es passiert sicher nichts, fast immer bei einer Spritze, man muss sie ja genau treffen, aber manchmal, und was ist dann? Das Bild sehe ich deutlich vor mir, es tut schon weh, aussen sind meine Turnschuhe hart, an der Stelle, wo ich auftrete, doch wenn ich trete, trete ich hart auf, ausser ich bin sehr konzentriert. Die Spitze würde durch den weichen Gummi hindurchgehen, die Angst ist wirklich. Vielleicht spüre ich sie schon unter dem Stoff, vielleicht erst, wenn sie im Socken ankommt. Aber was, wenn ich zu spät bin, wenn sie meine Fusssohle anritzt, in mein Blut geht? Dann bin ich, oder Petrit, ein Leben lang krank, und das Leben geht nicht mehr lange, es ist schmerzhaft, habe ich im Fernsehen gesehen, schon, als ich klein war. Weil ich, als Omi noch im alten Daheim war, immer so lange aufbleiben durfte, wenn ich mich für die Zehn-vor-zehn-Nachrichten interessiert habe, und sie schaute und dabei gab es manchmal Schlimmes und danach schaute sie weiter Sachen, bis Opapa neben ihr aufgewacht ist.

Es ist beim Reintreten in Spritzen nicht sicher, dass man krank wird, aber es kann so sein, mir hat auch Mami vor Sorge gesagt, dass ich aufpassen müsse, weil Drogen überall seien und gefährlich. Wie Klonkilonk geht es mir sonst. Spritzen sind wie die Löffel, um Drogen zu nehmen, statt zu essen. Aber Löffel braucht es auch beim Drogennehmen, vielleicht sind sie eher die Teller? Spritzen können im falschen Schritt aber alle treffen.

Zur Vorsicht rufe ich auch Petrit zu, weil ich weiss nicht, ob seine Eltern das auch wissen, ich kenne sie nicht, und Petrit kennt sich gut mit Tieren aus, aber wie sehr interessiert er sich sonst überhaupt? Vorsicht vor Spritzen! Das Einzige, das er zur Antwort ruft, ist: WAS?! WAS? NACHHER! Wir haben schon gar nicht mehr lang Zeit, gleich müssen wir weg. Drehen und bereit sein, das ist, was ich tun werde, wenn ich eine Eidechse sehe. Und das tue ich auch, wenn ich einen Stein hebe, denn wenn hinter dem Stein eine Eidechse in der Nähe ist, dann läuft sie weg, bevor ich ihn wegnehme, ich muss ihnen quasi voraus sein, ich frage, ob er keine Angst habe, Petrit antwortet nicht sofort, er nimmt einen Satz und greift. Entwischt! Er fragt, was ich gesagt hätte. Ich wiederhole, er verneint. Aber wir müssen nun vom Gleis, ruft er sehr ernst, und er geht schon vom Gleis direkt, wo er ist, also kommt erst über die Strasse neben dem Gleis wieder zum Bahnhof, fast wie Roman schaut er von Weitem aus und fuchtelt, dass ich auch da, wo ich bin, vom Gleis gehe, sofort, es pressiert, es sei besser, falls der Zug mal drei Minuten früher unterwegs sei. Weil der Zug, der ist gefährlich. Er hält nicht wie ein Auto, wenn du auf die Strasse rennst. Er kann vielleicht nicht bremsen. Ich bin sicher schon fünf Mal über die Strasse gerannt, wo man nicht darf, und die Autos haben immer angehalten. Für den Zug ist es aber viel schwerer, Petrit hat schon recht.

Der Zug kommt wirklich grad, als wir vom Gleis weg sind. Er fährt vorbei, während wir vom Rand aus zuschauen, und es windet, auch eine lose Seite von einem Prospekt fliegt zwischen unseren Köpfen durch die Luft.

Danach bleibt mir davon ein Gefühl. Es ist wie in meinem Bauch und in den Armen, den Beinen, den Augen, vielleicht dort vom Staub, der gewirbelt hat. Petrit sagt, er habe viel Erfahrung mit allem am Bahnhof, Spritzen kann man leichter ausweichen, als wir beisammenstehen. Gibt es wirklich nur da Eidechsen, wo der Zug fährt? Petrit erklärt, nein, aber es gibt hier die meisten, es ist logisch, weil keine grossen Tiere sie stören, die der Zug überfährt oder auch Menschen. Dann sind sie sicher.

Wir suchen weiter, aber es ist wie die letzte Schulstunde, wenn alle müde sind am Freitagnachmittag, die Luft draussen, es weniger spannend ist und es sich anfühlt, wie etwas, dass wir müssen, weniger wie ein Abenteuer.

Nach zwei Zügen mehr ist mir komisch im Bauch, wie am Tag nach dem Fondue, es ist nie megaknapp, aber schon knapp. Ich sage, es ist mir zu gefährlich, und Petrit meint, ok, dann gehen wir zum Hügel aus Steinen und Dreck oben am Gleis, da hat es viel mehr Eidechsen. Da sage ich, nett, aber suchen mag ich nicht mehr. Also, ich gucke schon und habe meine Hände parat, doch wenn ich eine sehe, probiere ich das Packen gar nicht mehr wirklich. Weniger als vorher wenigstens. Auch Petrit erwischt immer noch keine Eidechse und er gibt auch nicht zu, dass es hier viel mehr hat, nicht nur dort, wo der Zug fährt. Wir hören auf. Dann sitzen wir beim Bahnhof auf die hohe Kante und reden darüber, warum sie nicht Eiechse heisst, wegen den Eiern wäre das logisch. Petrit sagt, dass er mal gemeint hat bis neun, was ja fast jetzt ist, es sei zusammengesetzt aus Ei und Dechse, also alles sind Dechsen und diese legen Eier. Ich sage, es hat doch nicht nur Vorteile, mit mehr als einer Sprache aufzuwachsen. Er schaut komisch, aber ich unterbrech schnell das Gespräch, Tiernamen machen oft keinen Sinn, das ist unser neues Thema. Jetzt kann Petrit gut erklären mit zum Beispiel einem Beispiel, weil er viel über Tiere weiss und interessiert an ihnen ist. Der Kleine Tümmler ist ein Schweinswal und der Grosse ein Delfin, sagt er, aber der Schnelle Tümmler ist ein Stadium der Tiefnässen, Nesseln. Die entstehen in der Mitte der Welt so als Babys: Die Qualle legt Eier, die zum Mittelpunkt der Welt wollen. Dort wachsen aus den Eiern Larven, sie ernähren sich von Phytonplankton, bis sie gross sind und sich als Polüpen an die Diamantwand klammern. Wenn sie hochfahren, dann heissen sie Schnelle Tümmler und sehen auch fast ähnlich wie die Delfine aus, nur dass sie nicht an die Luft brauchen oder viel anderes, zum Beispiel Augen.

Als ich heimgehen muss, weil schon fast sechs ist – ich muss aufpassen, es ist stressig, wenn ich nach Mami daheim bin –, bin ich froh um diesen Nachmittag. Petrit kommt weiter mit als bis zum Altersheim und muss später einen Extraweg machen, allein bis zum Bahnhof. Ich merke seither ist etwas verschoben, dass wir seit jetzt sicher Freunde sind. Schwimmen kommt Petrit nie, das weiss ich, als er es mir sagt, schon vor dem Altersheim, auf dem Weg. Ich sage, ich würde auch am

Mittwoch mal gehen, mit ihm zu zweit, wäre es mir nicht so peinlich wie allein. Es sei schön. Aber er sagt fest, nein, und ich frage, warum. Er könne es nicht. Ich finde das zuerst komisch, dann denke ich, dass es bei mir eigentlich auch erst eine kurze Zeit her ist, in der ich schwimmen kann, mit dem ganzen Leben verglichen. Das sage ich und ich denke noch weiter. Schwierig war es in der Schwimmschule, immer wenn man es nicht gut kann, schluckt man Wasser, und eine Frau vom Altersheim, die mal auf der Mitte des Wegs stand, sagte, ihre Tochter sei gestorben, weil sie zu viel Schwimmbadwasser getrunken habe, wie bei Erin Brockovich, der Film kommt fast immer im normalen Fernsehen. Dann weiss ich, wie gefährlich es ist, wenn man das Wasser verschluckt, das ist im Schwimmbad fast so gefährlich, wie wenn man den Schnudder die Nase hochzieht und er, zum Beispiel, ins Gehirn geht. Ich weiss nicht, ob die Frau blöd ist. Später frage ich Mami wegen diesem Film, und sie sagt, für Kinder wie mich gehe er nicht. Dabei hat sie keine Ahnung, was auf den Games steht, welches Alter gut ist.

Petrit kann nicht schwimmen, und ich bin in mehr Sachen schlecht: Ball werfen, Sachen packen, klettern. Am schlimmsten ist es in der Turnhalle. Aber schwimmen zu können, das ist normal. Wenn du es nicht kannst, ist es hier, wie wenn dir ein Arm fehlt. Selbst, wenn der Arm von Anfang an da war und noch in meiner Erinnerung ist, wie ich schwimmen gelernt habe. Es noch nicht lang her ist, noch nicht mal mein halbes Leben, aber natürlich den Teil des Lebens, an den ich mich viel besser erinnere. Ich sage Petrit, er kann schnell schwimmen lernen. Gern würde ich mit ihm mal tauchen, aber das sage ich ihm nicht, vielleicht, wenn wir gross sind. Ich behalte es für mich, weil recht überlegt war es viel zu gefährlich auf den Gleisen und im Wasser muss man sich vertrauen können. Im Wasser, da kommt es drauf an.

Ich vertraue Petrit fest und weiss, dass er es nicht bös meint, aber mit dem Risiko ist er nicht gut. Petrit fragt, woran ich denke, und ich sage, dass ich unbedingt rechtzeitig daheim sein müsse, und bin grad noch da, bevor Mami kommt und kann schon den Tisch decken.

Ich behalte das mit dem Wasser für mich. Am Seeufer war an einem der letzten warmen Tage dann eine Schlange, das war schon spannend, wie sie sich am Boden gewunden hat.

Komm wenigstens in die Badi, sonst verpasst du alles. Petrit erzähle ich das von der Schlange und ich sage dazu, wenn du dich doch für Fische und Tieftiere und so interessierst, musst du doch einmal auch schwimmen lernen, und das geht nur im

Wasser. Petrit hat eine schlaue Antwort, mich interessieren alle Tiere, am meisten eigentlich Affen, weil sie sind ganz anders auch und doch auch wie Menschen. Aber wie die Fische und Tieftiere interessieren mich zum Beispiel Vögel und fliegen kann ich überhaupt nicht, hoch in der Luft bin ich noch viel schlechter als im Wasser. Ich lache. Ist es nicht komisch, Tiere so toll zu finden, die man gar nicht mit eigenen Augen gesehen hat? Ich antworte, nein. Aber Petrit findet es komisch. Er sagt, ich meine es nicht böse. Aber auch mit den Affen kommt es ihm komisch vor, weil er sie vom Zoo kennt, wo sie hinter Glas sind und im Verhalten anders.

Alle Kinder klopfen an die Scheibe, bis jemand sagt, sie sollen aufhören, und die Affen werden gefüttert, fast wie im Schlaraffenland liegt Essen herum. Ich finde, Affen sind schon ein anderes Thema, weil bei ihnen ist es wichtiger, wie sie als Gruppe leben. Dass das schon stimmt, gibt Petrit zu. Aber die unterseeigen Tieftiere kannst du nicht mal im Zoo sehen. Man bräuchte sehr spezielles Glas und festen Druck.

Darum will ich ja hin. Denn es geht auch nicht um die Tiere als einzelne, sondern um das ganze Karussell. Wie sie in einem Strom um den Kern kreisen, und wie der Kern selbst und der Diamant überall leuchten müssen. Das ist so viel mehr als ein

Zoo. Ja gut, sagt Petrit, ein Zoo ist auch mehr als die Tiere.

Das Problem bei der Art, wie ich es herausfinden will, wie es unter Wasser ist, liegt im Tauchen. Dass ich immer nur kurz unten sein kann und gleich wieder Luft brauche. Und viel sehen tu ich nicht, aber Fabienne sagt, wenn ich vom Turm springe, darf ich keine Taucherbrille tragen, letztes Jahr ist eine in viele Stücke kaputtgegangen, bei einem anderen Kind, beim Springen, es hatte Glück, dass seine Augen von den Splittern unverletzt blieben, das mache sehr Angst. Und das ist blöd, weil vom Turm komme ich noch am ehesten tief ins Wasser und ohne Turm lohnt sich auch eine Taucherbrille nicht. In die Tiefe kann ich sowieso nicht, weil das Wasser drückt, wie wenn ein Lastwagen auf dir liegt. Für dieses Jahr ist die Badi zu und das Wasser hat sechzehn Grad.

Kurz vor den Herbstferien ist etwas Schlimmes passiert und die Erwachsenen wollten nicht sagen was. Roman hat damit angefangen, aber Mami hat ihn unterbrochen. Monique, es ist eine Realität, der Junge soll wissen, was geschieht in der Welt. Mami weint, aber irgendwie anders, als ich es mir gewöhnt bin. Roman tröstet sie noch gut, bis sie sagt, er solle heute zu sich nachhause gehen, und das macht er. Immer ist die ganze Woche und noch länger im

Fernseher zu sehen, wie das Flugzeug in ein Hochhaus fliegt. Dass Menschen einfach so bös sind. Ich weiss aber, niemand, den ich kenne, ist so bös. Nicht mal Klonkilonk, Klonkilonk ist vielleicht gar nicht bös, und dieser Name ist schon vor allem gemein, ich habe ihn lange nicht mehr gesehen. Und auch Roman ist eigentlich nicht böse, sondern hat eine Wut und für sie kaum eine Kontrolle.

Als Ferien sind, gehe ich in der erste Woche schon ab Freitagabend zu Annina – wie wenn ich zu Papi gehe, an jedem zweiten Wochenende, es wäre da auch seines, das haben sie und ich extra so gemacht, damit ich einmal weniger muss. Bei Papi hängen wir nur daheim rum. Als ich bei Annina in der Stadt bin, gehen wir zuerst in die WG, damit ich meine Tasche dalassen kann. Wo ist Schorsch? Leon ist mit ihm zu seinen Eltern, weil Schorsch mag es gar nicht, wenn es so laut ist, mit all den Bahnen und so vielen, die Party machen. Es ist Messe wie in jedem Jahr, ich bin eigentlich immer hin, aber früher nur einen Nachmittag lang, und jetzt gehen wir aufs Riesenrad. Ich bekomm einen zuckrigen Apfel, der rot ist und glitzert, aber innen ist er sehr sauer. Erst als es dunkel ist, essen wir Couscous mit viel Gemüse. Es ist kein Rezept, aber sehr fein und glitzert wegen dem Öl. Ich bin nicht zum ersten Mal bei ihr, aber bisher noch nie mit so viel Zeit und ohne Mami.

Dann zeigt mir Annina den Höhepunkt, das ist das Beste in dieser WG, also ausser meinen Mitbewohnern, den besten der Welt natürlich, sagt sie sehr schnell dazu: Mit dem Videoprojektor kann man Filme an der Rückseite vom Nachbarhaus schauen. Sonst ist die Hauswand dreckig und hat schwarze Flecken, aber der Projektor ist so hell, dass der Film darüberleuchtet. Annina weiss, wie ich die Tiefe mag, sie ist fast die Einzige, der ich manchmal erzähle, dass ich mir vorstelle, wie ich darin verschwinde und lang, lang absinke, bis die anderen weit weg sind. Sie wissen nichts und hören nichts von mir, bis ich wieder da bin. Und dann erzähle ich von allen neuen Tieren und wie sie Licht machen und was man einfach sonst noch wissen muss. Ich sage aber nie, woher ich das weiss.

Weil sie weiss, was ich mir vorstelle, hat Annina Filme geholt aus der Bibliothek, wo sie am Tag immer sitzt, sehr gute, finde ich. Das Leuchten im Kern, heisst der Film, den wir zuerst schauen, das Leuchten handelt davon, wie und wie viele von den tiefen Wesen leuchten. Der Kern ist vielleicht so gross wie ein Haus, eines wie daheim, nicht wie das grosse, in dem Annina zuoberst wohnt, fast wie in einem Estrich, die Decken sind schräg und andere Menschen und Familien darunter, aber alles ist ein Durcheinander. Weil der Kern brennt, er macht

Feuer. Feuer im Wasser und es ist immer mehr Wasser da von allen Seiten, Magma, wie das dampft, ich habe mir den Kern immer klar vorgestellt, aber so sieht man ihn höchstens, wenn man im richtigen Moment Pause drückt.

Die Tiere habe ich mir auch anders vorgestellt, ich kenne sie von Bildern ja schon seit langem, aber nun in diesem grossen Film sind sie nah und die Kamera hat Zeit, sie genau anzuschauen, wie sie sich drehen, langsam manchmal und manchmal schnell, egal, in welche Richtung das Wasser sie auch zieht, sie drehen und leuchten, und die Diamanten an den Raumwänden leuchten dann mehr, wie ein Gespräch aus Lichtern, bei dem das Leuchten immer weitergeht. Das Licht ist sehr verschieden, manchmal hell wie auf den Bahnen an der Messe, aber nicht so plötzlich. Man kann dem Licht beim Kommen und Vergehen zuschauen, wenn die Tiere drehen.

Bei manchen, die wie Fische sind, kann man alle Organe sehen und das Herz, die Lunge und das Hirn machen alle eine andere Farbe Licht, es ist nicht nur toll, auch eklig, wie viele Sachen, die natürlich sind. Trotzdem, auch wenn es eklig ist, muss man sich dafür interessieren. Es gibt auch Pflanzen, aber ganz anders als die unter dem Springturm im See oder Blumen.

Die Tiefpflanzen schweben mehr im Wasser, sie sind nicht am Felsen, also am Diamant festgemacht, sondern sie hängen so frei, weil Wurzeln sind erst eine neue Erfindung für Pflanzen an der Oberfläche. Das Leben in der Tiefe ist alt. Das Licht ist auch weniger als von der Sonne, darum müssen die Pflanzen und Tiere immer drehen, um immer wieder nah am Skelett zu sein, damit es gut spiegelt und dann gibt es einen Ketteneffekt an den richtigen Stellen, sodass das Licht der Tiere sich am Diamant spiegelt und das Bild davon an einem anderen Stück vom Diamanten, und weil es ganz viele Wesen gleichzeitig tun, sieht es aus wie ein Meer von Kerzen, oder noch mehr wie diese Plastikstäbchen, die man im Mund knacken kann und die neon leuchten, gelb oder pink, zum Teil auch in beiden Farben, aber immer nur kurz. Die kann man auch an der Messe kaufen, bei so Ständen, die sonst Plastikpfeilbogen verkaufen. Aber in der Tiefe sind es halt Farben, die habe ich noch nie gesehen und für Pflanzen bringen Plastikstäbchen nichts.

Vom Film lerne ich auch, wie die Tiefnesseln, nicht Tiefnässen, ich sage das immer falsch, vom Licht leben, das die Diamanten spiegeln und so stärker machen. Sie bewegen sich zwischen Pflanzen und Tieren. Die leben in mehreren Stadien, wie eben auch eines der Schnelle Tümmler ist, der kurz vorkommt. Doch wenn sie dann Tiere mit einer Haut werden, interessiert es weniger Leute, jedenfalls mich sicher weniger. Sie fahren nach oben, es ist am besten, wenn sie schnell über die Hauswand schwimmen und es gibt einen noch echten Effekt mehr, weil die Wand nicht überall genau die gleiche Farbe hat wegen dem Dreck. Wenn der Kern alle drei bis neun Monate seine eigene Magmasteinschale durchschmilzt und einen Moment lang Glut auf das Wasser trifft, zischt es, und es gibt viel warmes Wasser und Druck entsteht. Dann sind sie eben für diese Strecke solche Tümmler. Die Bilder machen Eindruck, wie sie hochschwimmen, es müssen über tausend sein, aber im Prinzip schon so, wie Petrit es erklärt. Sie sind so viele, aber die meisten ja Klone. Also wie wenn alle Annina oder Petrit sind, von der Idee her.

Ich bin eifersüchtig auf die Erforscher, die da im Tiefen waren und immer das erforschen können. Zu Annina sage ich, dass ich auch mal so etwas erforschen will. Dann musst du aber lange in die Schule, Annina lacht, oder gar nicht! Es gibt den Weg, wenn man Tiefbiologie studiert, oder auch Meeresbiologie, und sich dort durchsetzt gegen alle anderen. Aber dann gibt es auch Leute, wie die Frau, die die Regisseurin von diesem Film ist, die einfach sagte: Ich mach das. Und dann half sie einfach immer bei Filmen mit und hat so lange geschaut, wie es funktioniert mit den Tiefbooten und wie man unterstützt bei den Untersuchungen in der Untersee, bis sie es einfach so geschafft hat, also die Frau, die hat nicht mal einen High Noon-Abschluss, das ist wie die Oberstufe, obwohl das nicht das ganz Gleiche ist, in den USA, wie bei uns, weil bei uns schaffen alle irgendeine Oberstufe: Die Schule geht einfach bis zum Ende.

Annina weiss viel, noch viel mehr, seit sie studiert. Sie studiert alte Sprachen, die sind so alt wie Latein und Griechisch, ich habe ihre Bücher gesehen und darin geblättert, es ist anstrengend, zum Teil gibt es noch andere Buchstaben oder wenigstens Zahlen. Da beginnt das ABC einfach komplett von neuem, wie eine andere Welt, aber darüber spricht sie fast nicht, sie weiss nämlich nun auch ganz viel über Politik und wie die Gesellschaft geändert werden muss als Studentin.

Ich habe das Gefühl, es sei einfach wichtig, was zu tun, irgendwas, also nicht einfach eine Arbeit wie Mami oder Papi, sagt Annina, oder Roman, bääh, sie macht eine Grimasse, die schon blöd aussieht, aber nicht wie er. Die Schule und die Universität, all das brauche man nur, damit man ein Zeugnis bekomme, im Abschluss. Ich frage, ob ich was fragen kann, und sie drückt Pause, während ein Blauwal über das Wasser springt. Der Film ist am Anfang ganz unten und macht mit uns wie eine Reise an die Wasseroberfläche.

Und wenn ich einen Job habe, der nicht wichtig für die Welt, sondern einfach normal ist? Jona, dann, habe ich dich genauso gern. Nur wenn du das Gefühl hast, du möchtest was von der Welt sehen und vielleicht etwas ändern: Trau dich, es geht darum, sich zu trauen, mehr zu wollen, nicht ein Auto und Italienferien, immer zwei Wochen am gleichen Ort im Hotel oder auch in einem Haus, es kommt nicht drauf an, du bist schlau und fleissig und interessiert, wenn du dich traust, steht dir vieles offen. Auch die Unterseewelt, falls du in die Tiefe willst. Ich sage, ok.

Am Ende vom Film sagt die Frau, die den Film gemacht hat, Anna Taylor, die man dann auch sieht, an der Oberfläche, am Strand, dass diese wunderige Welt bedroht sei. Ein Bild mit einer schlechten Kamera zeigt ein Tiefboot wie ein Bohrer, Annina sagt, scheiss Presslufthammer. Wie so einer ist es etwas, das Löcher macht und einfach in den Diamanten reingeht, wie ein Messer in die Butter. Das Werkzeug ist an einem Tiefboot angemacht, das viel grösser ist als das vom Erforscherteam, so gross, dass nur schon das Werkzeug, das die Wände bohrt, grösser ist als die Notre Dame-Kirche oder jede andere, die so alt ist und immer gehalten hat. Sie höhlen den Planeten aus, sagt die Frau, wir dürfen nicht zuschauen, wie das passiert, wir müssen es stoppen, etwas dagegen unternehmen, weil es passiert jetzt, und sie hat recht. Find ich, wegen den Tieren, aber auch weil es unser Fundament bedroht, wir haben keinen Planet Nummer 2, nur einen. Es wäre ja kein Problem, wenn die Menschen sich einfach einen zweiten kaufen könnten.

Doch das wäre auch ein Problem, weil sie haben immer Probleme mit dem Teilen. Alles, was fair ist, was es ja schon auch gibt zum Teil, kann ich nicht aufzählen. Es fällt mehr auf, was unfair ist, wie mit den Diamanten, was auch Anna Taylor erklärt. Diamanten machen eben reich, das ist natürlich, was viele möchten, und immer geht es immer ums Geld und es wäre gut, wären alle schon reich, dann gäbe es diese Probleme nicht. Anna Taylor ist berühmt und hat auch Geld, aber sie hat einen Grund dafür. Ich fände es auch gut, könnte ich Mami reich machen, und das Geld ist der Grund für fast immer, wenn Mami mit Papi nochmals streitet und manchmal ist es auch der Grund mit Roman. Der wäre vielleicht gar nicht da, wenn Mami viel Geld hätte, aber Mami sagt immer, eigentlich geht es um anderes beim Streiten, am Geld merke man es einfach, es gehe aber um mehr. Ich verstehe es trotzdem nicht, dass man deswegen den Planeten verrückt und kaputt macht, also wegen dem Geld und nicht wegen der Scheidung. Es gibt doch viele Arten, reich zu werden.

Da bräuchte es das Stehlen, die ganze Wildererei, gar nicht, allein das, was man darf in der Tiefe, weil teilweise dürfen Firmen an Teilen bohren, macht, dass überall Löcher sind. Irgendwann, wenn es so weitergeht in vielen Jahren oder schneller, sicher, wenn Annina und ich noch leben und höchstens Mami nicht mehr und Papi, bricht es zusammen, es passiert dann ganz oft das, was passiert, wenn man bei einem Puzzlestück dort reisst, wo es an einem anderen hält. Der Planet, das wissen die Erforscher, setzt sich wieder neu zusammen, es gleicht sich wieder aus. Aber wieder gut oder einfach fest wird es wohl ohne uns, weil bis der Planet fest ist, würde es länger dauern, als seit es die ersten Telefone gibt bis jetzt, so lang können wir nicht in einem Flugzeug sein, also es hat auch nicht genug Flugzeuge für alle, sondern nur für ganz wenige. Dafür überall Magma. Ich kenne vor allem Erwachsene und ein paar Kinder aus der Klasse, die schon Ferien mit dem Flugzeug gemacht haben. Sie sind immer sehr begeistert. Und ich glaube, sie sind auch nicht die reichsten.

Fest wütend macht der Film Annina. Sie fragt, was man wohl tun könnte, um diese Arschlöcher zu stoppen, da zuck ich zusammen. Und dann schaue ich ihr ins Gesicht, und es fällt ihr auf, und ich lache und sie auch. Aus der Art, wie sie es sagt, weiss ich, dass sie das Wort immer sagt, wenn ich nicht da bin, aber als sie merkt, dass ich da bin, ist es ihr peinlich, ja, sie sagt, es tue ihr leid, und ich solle nicht auch so zu reden anfangen, sonst habe sie noch mehr Streit mit Mami. Ich sage, an »Scheiss« habe ich mich ja auch gut gewöhnt. Von allen haben Annina und Mami am meisten gestritten. Aber bei Papi ist ihre Lösung, sie besucht ihn einfach schon lange nicht mehr, sie sagt, es gebe keinen Eingang mehr zu ihm. Papi und Mami sehen sich fast nie, streiten dafür immer, wenn doch. Obwohl dafür halt nur das Wort Arschlöcher passt, das sagt sie dann noch.

Ich lache, laut, also sehr kurz, dann bin ich sehr ernst.

Ich sage, dass ich helfen könne, also zu retten, ich müsse rausfinden, wie, weil mit Petrit hätte ich es mir auch schon überlegt, aber bisher ohne Lösung. Das ist sehr schön, sagt Annina, und dann schauen wir noch einen Film, wo es um Spiessbergen, Eljero und den Kolschewoie-See geht, das sind die drei einzigen Landorte auf der ganzen Welt, wo man die tiefen Spiegel der Diamanten von oben sehen kann. Also nicht einfach so und nicht überall gleich. In Spiessbergen sieht man es, weil dort ein sehr grosser Gang durch das Terrorskelett führt, der direkt ist, und weil hier die Kristallgänge so weit nach oben reichen, dass es immer neu zurückleuchtet. In Eljero ist es so, weil vor kurzem, fast gestern für die Erde, ein Vulkan ausbrach, und im Kohlscheweh-See hatten sie Türme im Kalten Krieg – das war eine Zeit und weniger ein Krieg, als Mami auf der Welt war – so gebaut und die Tiefe aufgeschält, dass man in die Tiefe sieht für den Krieg. Wenn einer kommt. Der eine Ort ist beim Nordpol, die anderen auf einer Europainsel neben Afrika und in einem See auf einer Insel von Russland im anderen Ozean mit dem schöneren Namen. Ich ärgere mich, alles, was spannend ist, ist immer so weit weg. Das gilt auch für das, was zum Beispiel nur als Beispiel kurz vorkommt im Film, für tiefen Tourismus: Bei den Galalalagosinseln kann man warm baden, weil hier der Weg zur Tiefe so ist, dass ganz viel sehr heisses Wasser hochzischt, es ist spannend, auch für die Tiere, so gibt es andere Backterrinen zum Beispiel, die Futter sein können für Fische und alle grösseren Tiere, wie auch Seelöwen und Kühe, die keine Milch geben. Es ist aber traurig, weil viele gehen dort in die Ferien und dann ist natürlich überall Abfall. Zum Beispiel kann nachher die Schildkröte wegen einer Verpackung ihr Maul nicht aufmachen, bis sie tot ist. Der Film findet das gar nicht schlimm, also schon, die Stimme sagt, solche Gäste habe man nicht gern und sie würden bestraft, vielleicht müssten sie sogar ins Gefängnis. Doch der Film will fast ein wenig Werbung machen für die Ferien dort und sagen, dass es sie weitergeben solle. Entdecken Sie die Tiefe im nächsten Sommer! Es sieht wirklich schön aus, aber im Sommer sind wir ja immer in Italien, und natürlich kann man auch mit dem Schiff um die ganze Welt, aber es dauert für die Ferien zu lange. Darum müsste man mit dem Flugzeug, und ich finde, das macht noch Angst zu fliegen, das ist anders als tauchen. Obwohl es viele Kinder machen. Ich sage es aber nicht wegen den Sommerferien, weil ich weiss, wie es für Annina langsam ein Thema wird und dann würde sie sich aufregen, dass es zwischen uns fast sicher Streit gäbe wie mit Mami. Doch ich will wirklich nicht mehr ohne sie und ich nehme mir vor, dass ich das Mami klar sagen werde, egal, ob sie sich aufregt. Ich kann in Anninas Bett schlafen, weil sie wegen mir aufs Sofa geht. Doch eigentlich ist es für nichts, ich bin so lang wach im Kopf, dass ich Angst bekomme, es würde hell, bevor ich einschlafe. Und als es doch gelingt, ist es, wie wenn ich einmal die Augen zu und wieder auf gemacht habe.

Am Morgen gibt es Frühstück. Ich bin müde, aber aufgeregt. Dass ich nicht schlafen konnte, ist meine Sache. Omelette, das gibt es daheim nie, mit einem französischen Käse, aber ich mag sie lieber einfach mit Salz, sage ich, als ich die halbe gegessen habe. Das stimmt zwar nicht, aber Annina macht noch eine zweite für mich, weil ich das gesagt habe. Sie hat mich so angeschaut, dass sie eigentlich weiss, was los ist. Sie hat gesagt, du Heimlifeisser, und ich habe mich schlecht zusammengerissen, das Grinsen gar nicht probiert aufzuhalten. Es ist lustig, für sie auch. Wir reden aber dann ernst.

Annina fragt, wie es Mami gehe und ich, ich glaube gut, und dann erzählt sie, wie es besser sei, wenn man nicht mehr immer zusammenlebe und dass sie sie bald anrufen wolle, um zu fragen, wann sie kommen solle. Ich freue mich, weil wenn alle zusammen sind, ist es besser. Wege in der Mehrzahl sind ja, wo man drauf geht. Die WG ist, wo man zusammenwohnt. Es ist anders als mit der Familie, weil alle sehen sich nur, wenn sie wollen. Sie müssen nicht zusammen essen, und damit es sauber ist, haben sie einen Plan. So haben sie miteinander persönlich nur zu tun, weil sie wollen und nicht, weil sie müssen. Anders, wie wenn ich das Wochenende zu Papi gegangen wäre. Das wäre, weil ich keine andere Wahl auf nichts Neues hätte. In der Zeit mit Annina machen wir mit Leon und Derya verschiedene tolle Sachen, wie am Flussufer picknicken, obwohl wir die Zeit vergessen und dann kalt haben. Sie kennen viel Essen, das es bei Mami nicht gibt. Ich glaube, so wie Annina und die anderen leben, ist es in der Zukunft. Mami kauft im Laden nur, was sie schon kennt.

Petrit war die ganze Zeit daheim bei seinen Eltern. Das hat sich gelohnt, weil er wohnt ja im Revier von den Echsen. In der ersten Pause am Montag sagt er mir, dass er in den Ferien ein Stück von einer Dechse gefunden habe, also einer Echse, er sagt es extra so, weil wir beide wissen, ein Insider, ein Bein und ein Teil Bauch. Mit der müssen wir schnell arbeiten, weil Petrit weiss nicht, wie ein Museum es macht, damit sie nicht schlecht wird. Wir machen am Mittwochnachmittag ab, seine Mutter ist daheim und liest aus einem grossen braunen Buch in der Küche und schreibt auf, was darinsteht. Und dazu ihre Gedanken. Es muss ruhig sein, weil sie muss sich ihre Gedanken erst machen. Deshalb gehen wir in sein Zimmer und spielen das Spiel, bei dem wir grüne Kristalle sammeln müssen, um mit Panzern die Gegner explodieren zu lassen. Deswegen kommen wir nicht dazu, die Dechse zu braten. Unsere Idee war, dass Petrit den Herd bedient und ich die Dechse draufgehalten hätte, dass nur die ganzen Teile auf der Hitze sind. Als seine Mutter endlich wieder einen Tag nicht daheim am Schaffen ist, macht er das dann allein. Die Dechse ist ihm verkohlt. Er habe aber alles richtig gemacht.

An einem Abend bei Papi habe ich die Fernsehwerbung gesehen und dann den Film, obwohl ich Mami versprochen habe, auch ohne Kontrolle nach den Turtles auszuschalten, oder höchstens Super RTL, aber dann habe ich die Fernsehwerbung gesehen und geguckt. Erin Brokovich ist meganicht schlimm. Was sie gemacht hat, ist sehr wichtig, fast wie Anna Taylor und es gibt sie, wie sie wirklich ist. Danach kam Hellraiser und das ist ja nur erfunden.

Vor Weihnachten haben wir in dem Jahr die Sachen, also Lebewesen, durchgenommen, die andere in der Klasse interessieren. Alle Kinder sind wie Petrit: Sie interessieren sich für Tiere mit vier Beinen am meisten. Säugetiere, die eben warm sind, wie sie selbst, und Reptilien, dazu gehören eben Echsen, und Amphibien, die ähnlich, aber nicht dasselbe sind, sie haben alle viele Wirbel. Es ist mir egal, auch, dass eine Kuh so viele Mägen hat und wie jeder von denen heisst. Ich liebe diese Tiere nicht, weil sie sind normal. Trotzdem war es toll, weil wir während der Schule aus der Schule durften. Wir konnten zu einem Bauern, wo es draussen kalt war und im Stall gedampft hat, die Kühe riechen gut und ihr Mund macht am Anfang Angst, aber die Zunge fühlt sich megalustig an, und als Kind darf man die Hand in den Mund legen.

Wenn ich nach Weihnachten an das Jahr zurückdenke, bleibt mir am besten das Bild, wo wir Eidechsen gesucht haben, bevor der Zug gekommen ist. Es ist auch das erste im Winter, was mir beim Sommer in den Sinn kommt. Und nicht, wie der Grund vom See aussieht, der Grund vom See, der sieht halt wirklich aus wie Grau mit Braun gemischt und alles so eingehüllt, von den Formen her ist der Grund flach und weich, spannend sind eigentlich nur die Blätter der Seepflanze, aber auch die hat wenig damit zu tun, was auf meinem Rucksack gemalt ist.

Ich glaube, das liegt auch daran, dass es halt so spannend war auf dem Gleis, und wir wirklich etwas gemacht haben, das riskant war, aber es hat sich wichtig angefühlt, egal, dass wir keine Dechse-Echse fanden. Es ist das Gefühl, das wir am Entdecken waren. Wie viel stärker muss dieses Gefühl noch sein, wie viel spannender, wenn man weiss, man ist in der Mitte der Erde? Und wenn man nicht wie wir einfach etwas ausprobiert, sondern weiss, dass das Wissen neu ist und für alle die Welt ändert?

Immer, wenn es schwierig ist, also auch am Esstisch, aber meistens nur mit Besuch, zum Beispiel an Weihnachten, und vor allem bei Freunden von

Roman, wenn keiner mich beachtet und beobachtet, oder höchstens fragt, ob man nicht was anderes schauen sollte, wenn ein Kind da ist. Da stelle ich mir wieder vor, wie ich in einen Thermoanzug steige, sonst gar nichts, es ist mir egal, dass es so nicht geht, wie ich tauche und tauche und tauche. Wie es im Dunkeln dauert, eng und schmal, unsicher, wo die Richtungen sind, wie ich aber weiss, dass ich ankomme. Wie es ein wenig ist, wie auf dem Schulweg, einfach viel weiter, dass ich das Gefühl habe, es geht immer so weiter, es kommt kein Ende und der Weg zieht sich, ist immer eintönig, Kies, aber ich kenne den Weg, weiss, was danach kommt und sein wird, weiss plötzlich wieder, dass oben da ist, wo die Luftbläschen hingehen, weiss dank dem Seil, von woher ich gekommen bin und dass ich dagegenhalten muss, gegen das Gefühl, immer gleich weit zu sein und dass sich irgendwann die Lichter der Tiefe öffnen könnten. Ich weiss, dass ich mich traue. Das Wasser gehört mir. Ich tauche ab.

Als es endet

Wir nähern uns dem Kern allen Lebens. Er ist das Licht, das nie erlöscht. Das Licht, um das sich alles ordnet. Seien Sie bereit für die Überwältigung. Seien Sie demütig. Was Sie sehen werden, ist grösser als Sie.

Bis jetzt, murmelt es neben mir. Ich ignoriere die Stimme, und gehe dem Gedanken nicht nach, was sie meint. Ob der Typ meint, er werde noch grösser oder die Welt kleiner.

Ok, zu spät. Aber dann richte ich meinen Fokus auf das gebogene Glas und das, was dahinter ist. Es ist dunkel. Wir sind in einem Körper. Der Körper verdrängt das Wasser, das Wasser sucht Wege nach oben, unten, links, rechts. Ich bin nicht sicher, ob ich das Terraskelett erkenne. Ich sehe sicher nichts, was lebendig wirkt.

Lassen Sie sich entführen in einen Untergrund, der mehr Faszination in sich birgt als die Sterne. Denn er gehört zu unserer Erde. Erkennen Sie, was schon immer Teil von Ihnen war und was Sie mit allem Leben auf Ihrem Planeten verbindet. Sie, die heute hier sind, sehen den Wert dieses ewigen Kerns, Sie werden verändert von dieser Erfahrung zurückkehren. Anders als von einem Urlaub, anders als von einer Entdeckungsreise an der Oberfläche. Sie werden das Licht gesehen haben. Damit aus uns allen leuchtet, was der Kern in uns trägt, müssen wir weiter Sorge zur Erde tragen.

Das alles sagt der, der dafür angestellt ist, ein Host oder so, es heisst, glaube ich, Trip Attendant. Die Sprache erinnert mich an eine Sekte oder allgemein auf ungute Weise an Religion. Ich wende mich dem Erlauchten auf dem Sessel rechts von mir zu. Habt ihr das bewusst so geschrieben wie die Predigt einer Bischöfin, die auch noch Superheldin ist? Er lacht. Hö? Bischöfin, du weisst doch, dass ich katholisch aufgewachsen bin, wir hatten die Firmunterrichtsscheisse doch zusammen. Aber lass mal, ich hatte lang genug daran gebissen, mir die Religionskomplexe auszutreiben.

Danach sind wir wieder still.

36 Passagierplätze hat die Kapsel, neun Personen umfasst die Crew. Unsere Muskeln werden permanent stimuliert, weil es sonst belastend werden kann, das lange Sitzen. Wir sind losgetuckert wie ein Ausflugsboot, sind ins Grün abgetaucht, nur

ein Zwischenstopp ganz am Anfang der Route bei einem nachgebauten Pfahlbauerdorf, ein Schlenker zu antiken Säulen und Treppen, eingewachsen mit Algen und Gestrüpp, aber bereits Unterwasser. Der Host oder Guide schwafelt ewig über die Wurzeln unserer Geschichte, aber ich höre kaum zu. Mich zieht das Grün ringsum, die Pflanzen, die uns umgeben, hinter Glas und Beinfreiheit und Armlehnenraum, in Bann. Unser Tiefboot fahre diese Tour schon fast zwei Jahrzehnte, bei aller Zerstörung ist die Route bis heute belebt, trotz allem und dem Preis, immer ausgebucht, weil wir die Kultur, die in die Natur hinabgesunken ist, sich dort unten ablagert, nicht in Ruhe lassen können. Wie sehr die versunkene Stadt ein Wald ist – ein Jammer, es reut mich immer wieder, kenne ich die einzelnen Arten nicht. Wenn ich mein Leben noch einmal leben könnte, würde ich mich richtig in die Tiefe knien, aber anders, meine Art hat mich fast blind gemacht für alles, was so nahe liegt.

Was Sie nun schwarz vor sich sehen, ist das Becken, das Tor, das die Welt öffnet und die Region mit der Welt verbindet, wieder der Host, so voll neoretro, mit einem Tuch um den Hals, blau mit goldenen Seilen samt Anker. Er erinnert mich an den Stil meiner Omi, als ich noch klein war. Die Grenze, die Sie sehen, hängt mit der hier wechselnden Mineralienkonzentration im tiefen Wasser zusammen, darum ist der Übergang so deutlich. Zu Petrit schau ich kaum, seit dem Gespräch über unseren Religionsunterricht.

Petrit hat es nie wirklich akzeptieren wollen, dass ich gewechselt habe. Er hat gesagt, ich solle nicht sofort aufgeben. Ich solle dem Fach eine Chance geben. Dass ich nur Angst hätte. Es geht dir gar nicht um die Meere, er hat gesagt, ich drehe mein Weltbild so, dass es für mich am bequemsten ist.

Ich fand das schon damals daneben, aber von heute her betrachtet, ist es das Allerletzte. Der Streit hat unsere Freundschaft nicht beendet, jedenfalls nicht sofort. Vielleicht hat es eine Woge angeschoben, ein Wasserwechsel zwischen hohen und tiefen Schichten.

Irgendwann war dann alles verschoben, eigentlich ab dem Moment, als ich mich der Bewegung verschrieben hatte. Nachdem das durch war, ist die Freundschaft auch nicht mehr zurückgekommen, anders als es als Kinder manchmal war, nachdem wir uns verstritten hatten.

Wir sind still. Dafür sagt der Typ links von mir zur Person links von der – ich glaube auch ein Mann, soweit ich das erkenne so im Halbdunkel –, dass er sich eine andere Elektrochemie in seinem

Blut wünsche für das, was wir gleich sehen würden. Für sie ist es ein Trip, eine Extremerfahrung. Sie zwinkern sich zu, die Beine breit in ihren Hosen. Ich halte diese Erlebnisgier kaum aus. Wie selbstbezogen, sich den Kern nur zur Belustigung zu geben. Als wäre die Welt für sie gemacht, natürlich glauben die das, natürlich glauben sie, dass irgendein Gott ihnen die Welt gemacht hat. Oder dass sie die Welt gleich selbst formen. Ich halte diese Egozentrik kaum aus und bin froh, dass auf dieser Reise – neben den Benzos, die alle bekommen – Drogen verboten sind. Wegen Petrit gab es zum Glück kein Zeug mit den Medis.

Als ich geboren wurde, kam es zu einem Crack pro Minute. Als ich von der Beschaffenheit der Welt erfahren hatte, waren es bereits 1350. Als ich das Ausmass der Gefahr für den Planeten erfasste, schon 3560. 1 – 1350 – 3560 – 1 – 1350 – 3560 – 1 – 1350 – 3560, seit über 20 Jahren zähle ich das durch. 1 – wie die Zahl der Planeten, die wir haben. 1350 – Gründe, warum sich die Menschheit auf die Schultern klopfen darf. 3560 – Beispiele, wie sie alles zu Grunde richtet. 1 – nur eine Spezies, die die Verantwortung trägt. 1350 – Versuche, das Verhalten zu ändern. 3560 – Projekte, die alles Versuchen zunichtemachen. Wie ein Mantra: 1 – 1350 – 3560. Mehr als einmal, viele Nächte, keine Ahnung, ob eher

1350 oder 3560 Mal habe ich mir vorgestellt, wie es passiert. Ich weiss, dass es kein singuläres Ereignis ist. Ich weiss, dass es irgendwo beginnen wird. Dass es nicht so schnell geht, wie man es sich vielleicht wünschen würde. Vor meinem inneren Auge hat es sich abgespielt, die plötzlichen Löcher, die einknickenden Neubauten, der Boden ist Lava, es ist kein Spiel. Es ist ein Dampfspektakel, Gasexplosion um Gasexplosion, unerheblich, ob es noch ein paar Zapfsäulen oder Atomkraftwerke nimmt, weil Magma und Wasser, Wasser und Magma sich immer wieder begegnen, reagieren, aufeinanderstossen, sich aufladen, reagieren, immer wieder neue Begegnungen. Der Boden ist Lava, aber es gibt keinen Boden. Dazu Druckwellen, das Magnetfeld schickt Schock um Schock, physikalische Gesetze, die freidrehen, der Planet in einer besonders fiesen Pubertät, bei der das Leben, das schon ist, vergeht. Lotto, ob danach noch was kommt und was. 1 – 1350 – 3560 zähle ich durch, es beruhigt mich, das Zählen hat mich wieder schlafen lassen. Das Zählen begleitet fast mein ganzes Leben.

Das ist wohl anders bei den beiden, die neben mir sitzen. Bei demjenigen rechts, den ich kaum noch kenne, bin ich mir in dieser einzigen Sache ziemlich sicher. Und auch die beiden Typen zu meiner Linken tun das wohl nicht. Oder vielleicht links schon, vielleicht brummen die ihre Zahlen vor sich her, haben immer für den Planeten gewählt, auch so gelebt, zumindest, wie sie es verstanden haben, wie es mit ihrem Wissen möglich war. Vielleicht haben sie irgendwann entschieden, dass es nur noch um Spass gehen kann. Wenn ich aber sehe, wie sie gekleidet sind, ja, vielleicht haben sie im Sinne des Planeten gewählt, aber sich dann doch ganz bequem eingerichtet, sich im selben Maklerunternehmen kennen gelernt und dann eine der besten Wohnungen im Wolkenkratzer mit einem Vorzugsdeal geholt, sicher ist mindestens einer von ihnen Vegetarier und sicher haben sie sich einen Tisch aus Pilzmyzel ins Wohnzimmer gestellt. Vielleicht ist ihnen auch alles scheissegal, sie spüren sich nicht und fläzen sich auf zu Sessel ausgeweideten Elefantenfüssen. 1 – 1350 – 3560 – 1 – 1350 – 3560 – 1 – 1350 – 3560, 1 – 1350 – 3560 – 1 – 1350 –3560 – 1 – 1350 – 3560, zählte ich an dem Tag, an dem ich in der sechsten Woche das Studium Tiefbiologie abgebrochen hatte, nach der Mathematikvorlesung, ok, die eine ganz links ist wohl weiblich, aber sonst habe ich recht, ich schwör, ich kenne solche Typen. Grün, bis der Spass aufhört. 1 – 1350 – 3560 – 1 – 1350 – 3560 – 1 – 1350 – 3560, bevor ich mich mit den Leuten traf, die was zu sagen hatten, beim Offenen Abend der Aktivisten, na gut:

der Aktivist:innengruppe. Immer gezählt, bis zum Schluss durchgezählt, bevor ich öffentlich gesprochen habe. Es hat mich beruhigt, die Zahlen haben mich beruhigt. 1 – Spezies, eine nur, die Verantwortung trägt. 1350 – Wege, wie es sich ändern soll. 3560 – die meinen, zur Weltrettung müssten ausgerechnet sie in die Mitte des Planeten reisen. 1 – 1350 – 3560. Nachdem wieder was passierte, das allen Wandel niederschmetterte. Nachdem jede Prognose ins Negative kippte, 1 – 1350 – 3560 – 1 – 1350 – 3560 – 1 – 1350 – 3560, bei Erdbeben, Überschwemmungen, nah oder fern. Wenn es besonders schlimm ist: die Zahlen. Auch jetzt, während wir sinken. Es ist falsch, davor zu flüchten. Egal, was ich tue: Abwenden darf ich mich nicht.

Geschieht es wirklich häufiger als in meiner Jugend? 1 – 1350 – 3560 – 1 – 1350 – 3560 – 1 – 1350 – 3560 Katastrophen gab es doch schon immer? 1 – 1350 – 3560 – 1 – 1350 – 3560 – 1 – 1350 – 3560 Warum spült es scharfen Diamantstaub in Bergseen auf? 1 – 1350 – 3560 – 1 – 1350 – 3560 – 1 – 1350 – 3560 Verendet Leben, weil Abfallinseln Zugänge in die Tiefe versperren? 1 – 1350 – 3560 – 1 – 1350 – 3560 – 1 – 1350 – 3560 Sind die Kanaren eingeknickt? 1 – 1350 – 3560 – 1 – 1350 – 3560 – 1 – 1350 – 3560 Stoppt das den Tourismus? 1 – 1350 – 3560 – 1 – 1350 –

3560 – 1 – 1350 – 3560. Sie werden stabilisiert, treiben offen im Meer herum.

Der Diamantstaub ritzt badenden Kindern die Haut auf, aber kann gefiltert werden, liquid fliesst er in die Zapfsäulen. Die Reichen finden es spannend auf der Insel, die mit dem Golfstrom Richtung Süden unterwegs ist, und sobald sie sich dem Kap nähert, sind die Reichen ganz schnell wieder weg, nur falls was schiefgehen sollte mit der Luftkissenbremse. Es blieb das Ereignis aus, das aufrüttelte. Ja, man hat es immer wieder vorausgesagt, ich habe es immer wieder vorausgesagt, bei jeder Katastrophe, bei jeder Sondersendung, bei allen Horrorbildern im Netz, die mich bis in die Nacht verfolgten. Bis ich weich wurde und dann hart.

Die cineastischen Spezialeffekte bereiteten uns so vor, dass wir es erwarteten, plötzlich. Auch ich erwartete das, auch ich erwischte mich an manchen Tagen mit der Frage, was, wenn es heute zu Ende ist. Die Erwartung, dass es bald soweit sein könnte und die Beleidigung, dass es keinen klaren Start gibt, keinen Spannungsbogen, keine Liveschaltung in den War Room, wo gesagt wird, dass heute oder in zwei Wochen der Tag null komme. Die Kombo aus beidem führt dazu, dass sich nichts ändert, also für alles andere Leben schon, aber nicht im Verhalten der Leute. Und nun hört es nur für mich auf, ganz privat. Dass sich etwas ändern sollte, wäre ja auch ein komisches Anliegen. Es ist erst das sechste Massenaussterben. Wir sind nicht die ersten Organismen, die allgemeines Ableben auslösen. Als die Cyanobakterien Sauerstoff einführten, gab es sicher auch einen ordentlichen Klaps, eine konstante Folge von Gasexplosionen, ein ordentlicher Kollaps. Wir sind nicht die Ersten, die alles zertrampeln. Wir sind bloss die Ersten, die es wissen. Als Kind hatte ich die Furcht, dass die Jahre immer gleicher würden. Als Kind hatte ich die Furcht, dass nichts Neues mehr käme. Wenn man sich zu weit ins Leben hinausgelehnt hätte.

Heute, jetzt, hier

Du baust ein paar Hürden ein, du nimmst ein paar Umwege, niemand klebt sich hier auf die Strasse, bitte gehen Sie weiter, ausser Sie kleben am Asphalt. Denn es ist der fünfte heisseste Tag aller Zeiten innert einer Woche, da kann das schon mal passieren. Es gehe dir um eine Märchenwelt, das kindlich Wunderbare, das Leben als leuchtendes Karussell, die Natur als Nilpferd aus dem Kinderbuch. »We're acquiring an apocalypse now«, tönt es aus der Boombox, »life's a beach now and that's no longer an expression.« The Burning Hell, die überhaupt nicht so wie ihr Name klingt. Du schreibst nackt auf dem Bett und hoffst, dass dir der Mistral etwas Wind zwischen die Backen bringt. Aber bis es so weit ist, vergehen noch Stunden. Und wer weiss, was bis dann passiert?

Doom, dumdum, dooom.

Doom, didumdum.

Also, nochmals: Was machst du, machst du eigentlich Werbung für den Weltuntergang? Es könnte ja

*auch einfach einmal in eine liebevoll offen kommu-
nizierende Patchwork-Familie münden, vielleicht mit
einem Wochenendhaus im Maggia-Tal und einer vier-
teljährlichen Reise in die Provence. Warum läuft es auf
das Ende von allem raus?*

*Du kannst dir vorstellen, wie alles anders ist. Du
kannst dir vorstellen, wie anders alles ist. Du kannst
dir nicht vorstellen, wie alles ruhig ist. Dass es einfach
mal gut ist. Dass sich Personen begegnen und verstehen. Dass sie Ruhe verdienen, Nähe, Begegnung, die
sich nicht unterläuft. Beständig.*

*Vielleicht findet man im Schreiben Wege, die
auch hinausführen – oder zumindest weiterführen.
Du bist unterwegs durch diesen Text, du liest und ord-
nest und änderst und springst. Und die Frage, die du
dir immer wieder stellst: Ob er Kitsch ist. Vielleicht ist
er einfach warm. Vielleicht liegt Lavendel in der Luft.
Trotz seinem Horizont.*

Das Jahr 2, in dem ich es weiss

Wir waren bei Omi und Opapa und es gab Pilz-pastetli, aber die Geschenke waren falsch, wie für ein kleines Kind. Nächstes Mal könnt ihr an Weihnachten kommen, da hatten wir einen Schinken, hat Omi gesagt. Ich wollte sagen, dass halt Weihnachten ist, aber Papi hat streng geschaut. Wo Annina eigentlich ist, waren dann beide genervt. Nachher war Papi eher still. Auf dem Heimweg hat er dann gesagt, dass ich es jetzt mit ihnen geniessen soll, so lange sie noch hier sind, Annina weiss das eigentlich auch, weil sie war traurig an der Beerdigung von Grossmami und Grosspapi und ich für eine Erinnerung noch zu klein.

Das Jahr fing dann an wie die davor. Gehen sie nun immer so weiter? Nur dass ich den Fernseher bei meinem Papi vom Tisch geworfen habe, am ersten Januar, am Morgen. Von aussen war er noch ganz, aber innen war er kaputt. Ich wollte mein Videospiel anstecken, weil Papi halt nie aufsteht. Es ist mir peinlich, aber wenn ich ehrlich bin, nervt es mich mehr, dass ich nicht spielen kann, nicht mal mehr Fernseh schauen. Wäre mir das bei Mami passiert, hätte ich mich geschämt. Doch so ist das Gefühl ganz anders, dass Papi einen neuen Fernseher kaufen muss, finde ich fast lustig.

Weil unser Vater hat genug Geld, sagt auch Annina, und er macht traurige Augen, aber wird nicht wütend, und die traurigen Augen macht er oft, zum Beispiel, wenn ich ihn wecken will oder wenn er merkt, dass ich am Sonntagabend froh bin, wieder zu Mami zu können. Also eigentlich ist es wahnsinnig, weil der Fernseher muss gebaut werden, und zu den Sachen muss man Sorge haben, besonders weil der Fernseher Teile aus Minen hat, wo Menschen fast ungeschützt arbeiten müssen. Doch mit Papi und allem, was kostet, habe ich ein anderes Gefühl. Was etwas kostet, ist wie persönlich. Papi selbst sagt immer, wir hätten uns entschieden, von ihm wegzuziehen, also vor allem Mami, aber wir sind mitgegangen, und darum kann er auch nichts machen, sondern wir müssen nun mit dem leben, was Mami halt bleibt, Geld.

Wir reden an diesem ersten Januar nicht besser, es ist langweilig. Ich fühle mich sonst schon immer so, wenn ich bei meinem Vater bin. Oft weiss er nicht, was tun und ist müde. Ich denke, das liegt auch am Fernseher, wenn er lange ohne wäre, wäre es besser. Fast immer schläft er da, obwohl er so ein grosses und schönes Bett hat, wo früher er und Mami drin geschlafen haben.

Wenn Papi nicht ganz faul ist, ist er kindisch, tut so blöd, dass ich es blöd finde und denke, er meint, ich sei ein Baby. Das Einzige, worüber er noch spannende Sachen erzählen kann, sind Pflanzen, vor allem über Bäume und eigentlich vor allem, welche welche sind, weniger, wie sie sind und was sie machen. Es verändert immerhin die Art, wie ich den Garten anschaue, auch wenn es viel weniger spannend ist als das Wasser. Denn an der Oberfläche erkennt man immer schon was ist, klar, es gibt Wurzeln, aber im See kann alles passieren. Das, was ich sehe, ist ein klitzekleiner Teil von allem, was sich darunter verbirgt.

Es ist schon das Beste an Papi, wenn er auf einen der Bäume zeigt und ihm den Namen gibt und dann auf den anderen auch, und ich sie plötzlich alle kennen kann. Manchmal gehen wir sogar in den Wald. Aber ich vergesse es schnell wieder. Kochen tut er schlecht, er kann es nicht, seine grosse Entdeckung ist Kohlrabi mit Alpkäse aus der Bratpfanne, er brät das heute wie immer so lange, dass ein grosser Teil vom Käse schwarz ist, und es passt nicht zusammen. Kohlrabi habe ich nur zum Schnitzen gern, weil er ist zu süss und versteckt doch noch bitter. Trotzdem ist mir das Essen lieber als nur Fertigessen. Wenn ich zu oft Fertigessen esse, bin ich so müde, das zu essen. Alle Arten von Fertigessen, es hat immer den gleichen Nachgeschmack. Obwohl es auch süchtig macht, dass ich die Kontrolle verliere. Beim Selbstgekochten passiert mir das nicht. Darum mag ich, auch wenn es komisch ist, lieber schwarzen Kohlrabi. Ob Fertigsalat oder Fertigchäschüechli, Annina sagt, das Glutomat ist das, was macht, dass das Fertigessen so glitzert. Aber ich glaube, Essen glitzert vor allem, wenn es fettig ist, und das ist dieses Essen ja auch. Was ich nicht weiss, ist, wie das mit dem Alpkäse ist, also wie viele Kalorien der noch hat, wenn er schwarz ist. Fett ist dann ja eigentlich schon verbrannt, bevor es zum Beispiel in mir drin ist.

Dann legt er die Teller in den Schüttstein und füllt ihn mit Wasser, das fast wird wie Milch von Resten von Mayonnaise. Früher, als Annina noch mitgekommen war, hatte sie immer abgewaschen, aufgeräumt, gekocht. Es war nicht so, dass unser Vater sie gefragt hätte. Er machte es einfach in den Schüttstein und nichts weiter.

Annina hat einen Schnitt gemacht, seit sie erwachsen ist, er sei es sich halt immer so gewohnt gewesen, erst hat Omi alles gemacht, dann verschob sich das einfach so weiter und hat sich immer weiter übertragen bis zu mir. Deshalb macht sie nun einen Schnitt, sie will nicht mehr Kontakt zu ihm haben, bis er sich vielleicht einmal überlegt habe, dass er seine Tochter als Tochter schätzen könnte und nicht mit einer Reinigungsfirma verwechseln würde. Nämlich auch stolz sein könnte, dass sie als Erste studiert und auch was. Einen Schnitt machen, sie hat mir das so gesagt, ein Schnitt, aber das ist auch übertragen im Sinn so.

Nach dem Abwasch machen wir einen Spaziergang, aber es ist nicht wirklich weit. So Jona, den Baum erkennst du an seiner Rinde, oder? Er ist eine Birke.

Das alles sage ich Annina noch am Telefon, aber ich rufe in der Nacht an, weil er dann schläft, ohne Fernseher sogar in seinem Zimmer. Obwohl ich keine Angst habe, weil ich ja weiss, er würde nichts machen, sondern einfach traurig schauen, und ich wäre dann lauter als er. So habe ich es mir angewöhnt, wenn es Streit gibt. Annina ist sehr lieb am Telefon, sie sagt nicht oft ihre eigene Meinung am Anfang, sondern lässt mich erzählen, bis alles draussen ist, dass er die Namen der Bäume und wie die Blätter aussehen halt einfach auswendig lernt, statt dass er sich interessiert, wie vieles wirklich funktioniert. Manchmal denke ich, er ist wie die Wasseroberfläche, ohne alles darunter, vielleicht von einem Gartenteich, das ist aber auch gemein.

Und Annina antwortet dann, danke, dass du das mit mir geteilt hast, Jona. Ich bin vor allem dankbar, es irgendeinem Menschen zu sagen. Ich erkläre, dass das einfach raus musste und ich nicht wisse, wie es gemeint sei. Nachher bin ich schon noch wütend, aber ich kann jetzt einschlafen, und das ist nur, weil ich alles erzählen konnte, und sie eben versteht, wie schwierig Eltern sein können, also diese.

Roman hat sicher Heu, so viele Schuhe wie der verkauft, sagt Papi, als wir im Einkaufszentrum an seinem Laden vorbeigehen. Heu wie Geld, äh wie Heu. Darum geht es nicht, dass dich Mami zum Jammern über Geld aufhetzt. Ja, sie hetzt dich gegen mich auf! Du kommst doch zu mir, damit wir uns sehen und ich dein Papi sein kann, nicht für Mami. Was ich und Mami für Streits haben, hat mit dir nichts zu tun. Ich sage, ja, aber ich bekomme es ja auch zu spüren – wenn kein Geld da ist. Und ich spüre es auch, wenn der Grund nicht das Geld ist.

Mami hat mir gar nichts gesagt, dass ich dir etwas sagen soll. Ob das stimmt, bin ich mir für mich nicht ganz sicher. Es sind viele Gefühle, und ich bleib dann still, bis wir bei ihm zuhause ankommen und darüber sprechen können, wie wir den Fernseher einrichten, so praktisch einander helfen, und danach bleibt zu reden, was im Programm läuft. Er hat gefehlt, schon nur so kurz bis zum Tag, an dem die Läden aufgemacht haben.

Papi schaut wieder den Fernseher an, wenn er mit mir spricht. Aber am Nachmittag, bevor ich heimgehe, ist er zu müde. Er schaltet ihn aus, und wir sitzen. Es ist still, das ist grad schön. Ich fühle mich, als hätte ich zum ersten Mal seit vielen Jahren in diesem Haus geschlafen, so erholt wie ich bin, es ist wie Wellness, was Roman und Mami machen, während ich hier bin, bis meine Schule beginnt. Darum erzähle ich jetzt Papi, wie spannend es war, als Petrit und ich die Eidechsen gesucht haben. Er wird wütend und sagt, es sei zu gefährlich, und fragt dann, woher komme denn dieser Name, Petrit. Peter wäre einfach einfacher. Sogar, dass Eidechsen sicher sterben, wenn man sie in die Pfanne tut, behauptet er. Aber Papi weiss einfach zu wenig oder es interessiert ihn einfach nicht, was alles im Lexikon steht, und ich gucke dort bei Eidechse nach und es ist so, das kann ich beschwören, wenn es da steht, dass Eidechsen eine Temperatur von bis zu 450 Grad aushalten, ohne dass es ihnen wehtut oder sie verletzt werden. Und ich schau nochmal, also als ich am Sonntagabend wieder bei Mami bin, und auf dem Herd steht schon nur eins bis neun, aber auf dem Backofen ist es klar, bis 350 Grad, und weil Wasser ja schon bei hundert kocht, kann es ja gar nicht sein, dass der Herd normal heisser ist, als es Eidechsen aushalten. Papi kann ja auch nicht gut kochen, wie sollte er wissen, was mit Eidechsen los ist.

Es ist kompliziert und nicht ganz einfach und anders als mit Roman, weil der ist nicht mein Vater und darum geht es, solange ich aussen nett tu, und er keinen Anfall hat.

Als wir dann mit Schneeschuhen wandern für eine ganze Woche im Oberland, als das nächste Mal Ferien sind, im Februar, mache ich ein Spiel daraus, Roman immer über den Kopf und nicht in die Augen zu schauen und zwar deutlich. Es gibt nur einmal Streit, weil im Hotel essen wir Quallen und die sind nicht fein, aber er sagt, iss, sie sind sauteuer, und dann sag ich, wir sagen nicht sau beim Essen und weshalb ist es eigentlich so, dass wir nun Quallen essen, die so teuer sind, wenn wir immer kein Geld haben, und ich frage Roman, warum er Mami nicht einfach Geld gebe statt es für solche Quallen oder für mich auszugeben, weil ich will ja gar nicht diese Quallen und auch nicht im Hotel sein. Ich will diese Quallen nicht essen. Sie sollen ihre Ruhe haben.

So Quallen sind eigentlich unterseeisch, aber sie haben sie eingefangen und in ein Aquarium gesperrt mit Goldstaub, so dass das Wasser mit dem Goldstaub durch die Quallen geht, die ja vor allem Wasser sind, und es dann ist, wie wenn man Gold essen würde. Es ist ein Riesendruck, also in dem Becken, weil die Tiere sich das ganz anders gewöhnt sind. Was uns den Kopf zerbricht, ist für sie normal von allen Seiten. Ich finde, das ist gruselig, mit dem Gold, fast krank. Und auch ein Witz, weil daneben ist Algensalat.

Aber jetzt kann ich an ihm ablesen, wie es in ihm kocht, Roman wirkt ganz heiss, aber es ist Mami, die schneller ist und schreit, ich solle mich entschuldigen, und ich weine sofort, mehr so, dass ich die Nase hochziehe. Ich solle aufhören!

Dann mache ich das, aber schliesse mit mir einen Pakt, dass ich das nächste Mal, wenn sie wegfahren, zu Annina gehe statt mit ihnen. NIE WIEDER ITALIEN! Danach schaue ich sehr lange ein Buch an über die dreihundert Meter langen Nesselketten, die die Tiefe umranken. Es geht um Phytoplankton, der nur mit Gallertlicht und seinen Reflexionen lebt und Sauerstoff schafft, aber auch darum, wie Viren Bakterien besetzen, zersetzen und so einen Kompost legen um den Kern herum, an dem sich viele Tiere laben, also sie filtern einfach alles, was im Wasser vorkommt. Ich bin froh, steht im Buch nichts dazu, dass sogar 6000 Kilometer unter der Erdoberfläche Mikroplastik gefunden wird, dass verlorene Fischernetze in den engen Skelettgängen noch mehr Tiere umbringen als in der Fischerei. Ich weiss das schon. Es würde mich jetzt stören, ich will es schön finden, einfach ausnahmsweise. Weil, es ist schlimm mit der Welt und es ist auch alles schlimm, was nichts damit zu tun hat, wie Roman oder meine Familie.

Als vom Monat her, aber nicht vom Tag und dem Wetter, Frühling ist, haben wir wieder Schule. Ich bin froh, aber es ist vom Gefühl her jetzt so, als ob immer und überall Streit wäre und nie einfach schön, ich weiss nicht, ob es meine Schuld ist, aber ich habe das Gefühl. Es fängt damit an, dass Petrit sagt, wie schade sind die Ferien vorbei. Dann antworte ich, dass mir Schule lieber sei. Dann er, dass ihn in den Ferien niemand schlagen tue. Dann braucht es nur noch, dass ich Petrit frage, warum er nicht mit dem Velo zur Schule gehe, wenn er immer verschlagen wird, dann wäre das doch sicherer. Ich habe kein Velo, sagt er, und ich bin auch nicht mit dem Velo gefahren, seit sehr lang, seit wir in der Schweiz wohnen. Aber alle haben doch ein Velo, das ist so normal, deine Eltern werden dir sicher ein Velo kaufen, wenn du sie fragst. Ich werde es mir überlegen. Er fragt, ob ich dann auch mit dem Velo komme, wenn er ein Velo hat, dann. Ich sage, also. Aber es war wohl komisch oder zu langsam, wie ich also gesagt habe, anders, als wie ich es gemeint hab, denn er sagt, dann halt nicht. Ich weiss nicht, was ich wirklich falsch gemacht habe.

Als ich wegstehe in den Schneeschlamm und dann sogar einfach weggehe, als es am Freitag, zwei Wochen vor den Frühlingsferien, wieder passiert – es ist nach der achten Stunde, wenn viele gleichzeitig Schulende haben –, schäme ich mich schon, ich weiss, dass man es anders macht als Freund und nehme mir das vor, und will mich auch entschuldigen.

Ich frage am nächsten Morgen, war es schlimm? Er schaut mich einen Moment lang an, als ob er sich überlegt, mich zu schlagen, aber es kommen grad fast alle alten Leute und die nur Erwachsenen, die im Altersheim schaffen, zum Spazieren vorbei, und Petrit und ich sind wie vor Publikum. Petrit geht los. Petrit, ich will doch sagen, dass es mir Leid tut! Ich laufe ihm nach, als ich vor ihm stehe, sage ich wieder, Petrit! Ich sage, er solle doch mit mir reden, das bringe nichts, er stösst meinen Arm weg, läuft weiter, die Tränen sitzen ihm in den Augen. Ich probiere es nochmals, wedele mit den Händen vor seinem Gesicht herum, weshalb er denn so tue, es tue mir leid, wirklich. Er rutscht aus im Schnee und muss sich mehrmals abstützen, bis er wieder steht. Meine Hand nimmt er nicht. Ich habe das alles nicht gewollt und finde die ja blöd, die schlagen. Er stösst meinen Arm weg, so fest, dass es wie ein Schlag ist eigentlich, als ich weiter Petrit sage, rennt er los.

Ich renne ihm nach, weil ich weiss, er hat kaum Kondition. Ich habe ihn schon vor dem Ende des schmalen Wegs eingeholt, und er atmet durch den Mund und in seinem Gesicht ist nun auch Schweiss. Es sieht eklig aus, aber ich reisse mich zusammen, und da wird er schon laut. WARUM JETZT? WARUM WILLST DU JETZT UNBEDINGT BEI MIR SEIN? Ich lache, aber das wundert mich. Gestern hast du es ganz anders gesehen, hattest du keine Probleme, mich allein zu lassen. Ich solle ihn einfach in Ruhe lassen. Warum lachst du so blöd? Meinst du, ich meine das als Spiel? Er sage das nicht locker, es sei das erste Mal, aber es sei so. Unsere Freundschaft sei vorbei. Du bist nicht mehr mein Freund, und zwar für immer.

Wir sind am Ende des schmalen Wegs, den Baum erkennt man kaum ohne Blätter, ich habe lange geglaubt, Bäume sind wie tot im Winter und werden wieder zum Leben erweckt, wenn es warm wird, das habe ich Petrit nicht gesagt, das ist mein

Geheimnis, auch vor meinem Vater, sonst würde er seine Kinderstimme aufsetzen und Blödsinn machen, wie ein Komiker ohne Witz. Ich denke, wie ich im grossen Kindergarten noch mit dem Kinderwagen und der Baby-Puppe gefahren bin und Petrit sie schieben durfte, weil er selbst keinen Kinderwagen hatte, und dann küssten wir uns auch, auf die Wange. Als ich es daheim erzählt hatte, fand Mami das gut und Papi fand es blöd und sagte dann, klar findet Mami das gut, als Frau findet sie Mädchen besser. Ein Bub macht das nicht. Es ist mir auch peinlich jetzt, daran zu denken, aber ich habe keine Erinnerung daran, wie es war, sondern nur, wie gross es daheim zur Diskussion wurde. Es ist auch nur ein Bild vom Kinderwagen. Petrit hatte damals noch gar nicht gesprochen, also natürlich hat er gesprochen, aber vielleicht fünf oder zwanzig Wörter am Tag. Wenn ein Auto kam, Auto. Wenn ich was fragte, ein Wort, manchmal zwei, als Antwort.

Er rennt wieder, jetzt hat er genug Luft geholt, der Plastiksack mit dem Turnzeug schwingt durch die Luft. Ich komm nicht nach, ich habe auch Seitenstechen. Petrit, bitte, ich mache es gut, wieder! Ich rufe ein letztes Mal, aber als er nicht mal den Kopf umdreht, ist es mir lieber, sehe ich ihn unterwegs und auch in der Schule nicht, ich gebe mir ehrlich gesagt selbst Mühe, dass das so ist, indem ich gegen unten schaue oder den Himmel an.

Manchmal stehe ich mit im Kreis zu den Buben meiner Klasse. Ich rede nicht mit, aber es ist in Ordnung.

Bis nach den Frühlingsferien redet Petrit nicht mit mir, und ich merke, dass es mich stresst, im Bubenkreis meiner Klasse und wenn ich auf dem Pausenplatz allein stehe, ist die Zeit lang. Dann tue ich, als würde ich jemanden suchen. Ich weiss einfach, dass es auf diesem Pausenplatz niemanden gibt, dem ich was erzählen will, mit dem ich reden will, mit dem ich etwas machen will, zum Beispiel fahren und Tricks machen mit diesen neuen Skateboards für mit den Fingern. Sie kamen plötzlich und dann wollten die alle haben, auch die, die ich noch nie auf einem Skateboard gesehen habe, weil sie Angst oder keine Ahnung von Sport haben. Dabei kann man draufsitzen, um das Rollen zu üben, aber mit den Fingern ist alles viel leichter wie im Game.

Wenn ich Papi am Samstag in den Supermarkt begleite, würde ich eins bekommen, und es wäre sicher toll, aber allein will ich das nicht, ich will es gar nicht probieren. Ich bin mehr vor dem Fernseher. Papi soll allein schauen mit dem Einkauf. Es ist nämlich anstrengend mit ihm, fast immer sind wir erst kurz vor Ladenschluss da, und ich muss laut sein, damit ich bekomme, was ich will. Und diese Vorstellung, dieses Theater für ein Skateboard, ohne es jemandem zeigen zu können, ist es nicht wert.

In den Pausen gucke ich oft zu, wie ein paar Mädchen und vor allem Buben Fussball spielen, mit dem Eingang der Feuerwehr als Tor. Sie lassen mich in Ruhe, fast alle lassen mich in Ruhe, und ich weiss nicht, warum das ist, wie entscheiden sie sich, wenn sie wen nerven? Ich finde die meisten nicht nett und zu anderen, wie zu Petrit, sind sie gemein.

Das Tor knallt jedes Mal, wenn der Ball trifft, sehr fest, als würde was kaputtgehen, so gross ist es, dass der Ball immer trifft. Ich stehe weit genug weg, dass kein Ball kommt, und an eine Säule gelehnt, so dass die sicher sind, ich bin hier wegen der Säule und nicht, weil ich zuschauen will. Das gefällt mir schon noch gut, weil es so knallt. Dass man meint, es wäre anders. Ich stelle mir vor, wie ich bei den Fenstern das Glas einschlage. Nachdem ich das lang genug mache und es fast wie träumen ist, einfach wach, stelle ich mir vor, wie ich in einen Thermoanzug steige, sonst gar nichts, wie ich tauche und tauche und tauche. Ich weiss, ich komme an. Ich weiss bereits, dass mich ein Sog in die letzte Tiefe ziehen wird. Als es soweit ist, sehe ich es von allen Seiten, an allen Seiten. Dann weiss ich, ich habe es geschafft: Die Luftbläschen schweben im Mittelpunkt, ohne

Schwerkraft wie Zahnpasta in der Raumstation. Sie steigen nicht und sinken nicht. Gratulation, alle Orte der Oberfläche sind nun gleich weit entfernt, zumindest fast, denn das würde nur stimmen, wenn die Erde tatsächlich ganz rund wäre. Doch da sind in echt eben Dellen, anders als bei einem Globus.

Ich sehe den Kern vor mir und um mich herum, sehe die Tiefe, die Tiefleuchtenden. Sehe sie wie ein Karussell. Ich sehe, wie sie drehen, um schiefe Achsen, wie sich die Achsen drehen, quetschen, verziehen, wie sie wachsen. 32, 64, 128, viele Mal gleichzeitig. Ein wenig erinnert es mich an die Messe. Aber dort ist sie immer im Dunkeln, die Magie. Aber wenn ich bei einer Bahn oder einem Spiel wie Entenfischen näher hingehe, sehe ich, wie hinter dem vielen Leuchten einzelne Lämpchen stehen. Wenn ich in der Tiefe näherkomme, sehe ich die flüssigen Tiere, ihr Leuchten in allen Formen, in Farben, die ich mir nicht ausmalen kann, im Wissen, dass ich sie mit meinen menschlichen Augen nicht alle sehen kann, nicht alle Farben.

Wenn ich wirklich mal das Tiefwasser sehen will, braucht das viel Mut. Aber auch eine bessere Ausrüstung, weil der Druck würde mich einfach zerquetschen und dann wäre ich tot und verstopfe das Höhlennetz und schade so dem Verkehr und bin Kompost. Allein wegen der Tiefenausrüstung selbst ist es schon verschmutzend, das Sterben dort im Kunststoff. Wenn ich mir Mut vorstelle, sehe ich mich und Petrit auf dem Eisenbahngleis. Doch das ist komisch, weil Petrit ja auch der Mensch ist, bei dem ich nicht mutig war. Er kündigte die Freundschaft, aber ich finde, das Freundsein ist so, dass man das Hohe und das Tiefe zusammen hat. Perfekt ist auch Petrit nicht, er ist zum Beispiel schon lang ein Besserwisser.

Die Aussicht auf die nächsten Ferien finde ich gut, weil sie eine Grenze bilden und man danach fast wieder neu beginnt, vor allem, wenn ich zurückdenke, sind sie wichtig. Wir hätten natürlich bis im Sommer und über ihn hinweg nicht sprechen können, aber nach den Frühlingsferien wartet Petrit an der Ecke auf mich, wo sein Weg in meinen übergeht. Sie haben nun das erste Mal zu Besuch gehen können, im Land, wo sein Vater her ist, sagt Petrit, nachdem es klar ist, dass wir wieder Freunde sind. Es ist das erste Mal sicher wegen dem Krieg, und es sei toll gewesen. Aber was toll war, das sagt er nicht so genau, halt einfach, weil er alle Menschen wieder sehen konnte, also viele von ihnen, nicht alle. Ich nicke und sage, dass ich erst im Sommer in die Ferien gehe. Es war anders als Ferien, sagt er. Ich nicke wieder, ich frage nicht genau, es ist alles noch frisch. Ich will nicht zu euphorisch sein, dass Petrit wieder mit mir spricht, weil es könnte ja nur kurz sein, ich will erst sicher werden. In der Unterführung rennen wir nicht mehr, haben wir entschieden, wir sind zu alt und Klonkilonk haben wir schon lange nicht mehr gesehen, vielleicht ist er krank oder weg. Wir schauen die Schaufenster von den verschiedenen Geschäften in der Unterführung an, zum Beispiel die Raiffeisenbank oder die Pfadfinder und so ähnliche. Nach dem Buchennüsschenbaum warten die blöden Kinder. Ich merke, wie ich wütend bin.

Sonst haust du doch auch immer ab, warum stehst du noch da, du rote Tomate!

Lasst Petrit doch einfach in Ruhe, warum tut ihr ihn immer plagen?

Ich merke, dass es ein paar Kinder gibt, zum Beispiel Reto und Sabrina, die ich seit der Spielgruppe kenne, und das vielleicht einen Unterschied macht, sie vielleicht darum nicht gleich schlagen, wenigstens. Jetzt merke ich, wie bereit Petrit wirkt. Er wehrt sich.

Aber der Bub mit den blondroten Haaren – sie rufen Schlegel du Schläger zu, weil er irgendwie so zum Nachnamen heisst und er gern der Stier ist – nimmt mich in den Schwitzkasten und der andere, den ich gar nicht recht sehe, schlägt Petrit ins Gesicht, richtig direkt. Ich versuche, mich zu entwirren und reisse am Rucksack von Schlegel, aber dann kommt Sabrina und packt mich an den Armen. Das Kind, das Petrit schlägt, ist aus der sechsten Klasse oder noch höher. Warum geht ihr zu vielt auf zwei los? Das ist so unfair. SOOO UNFAIR. Ich überlege, Petrit zuzurufen, er soll an der Kette vom Grossen ziehen, aber dann haut mich Schlegel auch, es trifft mich in den Bauch, und ich habe mich noch nie so gefühlt.

Eine Millisekunde wie schwerelos, so fest bekomme ich keine Luft.

Und ich habe das Gefühl, ich bin in einem Film und dort ist Zeitlupe.

Ihr seid so fest Arschlöcher!

Ich atme ein, der Schleim in meiner Nase geht hoch, Schlegel haut mich nochmals, ich verschlucke mich am Schleim, dann.

Hörst du mal auf zu heulen, du Baby?

Ich weine wirklich.

Nun nimmt er mich in den Schwitzkasten, und ich versuche ihm aus dem Schwitzkasten das Bein zu stellen, aber wir fallen beide um, also er auf mich und die Steine im Trottoir tun weh, an vielen Orten.

Schlegel steht auf, und ich liege. Petrit ist ein Scheissbalkaner und du bist selbst Schuld.

Dann tönt das Xylophon, das in mir drin Freude macht. Ich kann es nicht kontrollieren. Es ist die Glocke vom Schulhaus, und natürlich tönt es nur wie ein Xylophon, es ist kein echtes. Ich kann nichts dafür, aber die Melodie ist ganz tief und warm in mir drin. Schlegel, der Grosse und die anderen rennen weg. Petrit und ich lehnen an die Mauer neben dem Trottoir.

Ob wir rechtzeitig in der Schule sind, kommt jetzt nicht mehr drauf an.

Eine Frau, die in der Gemeinde arbeitet, kommt raus und fragt, ob alles in Ordnung sei. Ich weine fest und sehe sie und Petrit fast wie durch Wasser, ich atme sehr schnell, also ich atme so, dass ich glaube, mir wird schwindlig, und die Frau sagt, ich soll richtig atmen und ich sähe schlimm aus, ob ich nicht zu einem Arzt wolle.

Als wir bei der Schule sind, erwartet der Rektor Petrit oben an der Treppe vom Eingang. Er sagt, wenn du immer zu spät kommst, wirst du nicht arbeiten. Mich ignoriert er. Und wer zahlt dann für dich? Ich finde das mega daneben und erkläre, dass wir verschlagen worden sind. Der Rektor sagt, das stimmt doch nicht und mit dir rede ich nicht, aber ich zeige meinen Ellenbogen, weil dort sieht man die Ritzen von den Kieseln und von Blut. Es ist nicht viel und sprudelt nicht wie am Fernseher, aber doch. Er sagt, in Ordnung, also ab in den Unterricht mit euch, Petrit, du hast es besonders nötig.

Als ich ins Klassenzimmer komme, atme ich wieder so wie vorher, also, wie während es passiert ist, und ich ziehe immer noch beim Schnaufen den Schleim hoch. Ich erkläre es Frau Mahler ganz schnell und dann vermischt es sich mit Speuz und ich merke, wie mir schlecht wird. Alle sehen zu, und es ist mir peinlich und ich denke daran, wie ich im Kindergarten in die Hosen gemacht habe, gerade als ich auf dem Dach war vom Spielplatzhaus. In Ordnung, Jona, wir können das später besprechen, aber jetzt sollst du dich bitte setzen.

Daheim will ich es Mami erzählen, aber es ist halt schon das Abendessen aufgetischt, Käse und Brot, darum ist Roman auch da, aber mir ist es egal, wenn er es hört. Ich erzähle alles. Als ich frage, wie der Rektor das meinte, wer für Petrit zahle, er hat doch Eltern, mischt sich Roman völlig unnötig ein: Ach was, wir schieben es ihnen ins Maul, Leute wie ich zahlen seinen Eltern das Geld, weil wir arbeiten, anders als sie. Ich habe Mami gefragt und nicht dich! Er ist still, und ich bin sicher wieder rot, du Tomate, hat der Schlegel gesagt, das fand ich schlimm gemein. Was ich sehr schön finde, ist, dass Mami Roman widersprochen hat, das passiert selten. Ich wünsche mir, die anderen Kinder würden auch so fest darauf reagieren, als ich ihnen laut sagte, was meine Meinung ist, wie sie und Roman in dem Moment. Wieder mehr zu Mami sage ich, wie froh ich sei, dass ich im Sommer nicht in die Ferien mitkäme, aber natürlich hört er es auch, so ist es auch von mir gedacht. Mami schaut traurig aus, und ich sehe ihr den Stress an. Ich sage, bevor sie laut werden kann, selber laut, Roman ist es sicher auch lieber, wenn ich nicht dabei bin. Als ich fertiggeredet habe, wünsche ich mir, alles würde aufhören, schnell. Als Mami sich beruhigt hat, sage ich nochmals, dass ich nicht in die Ferien mitginge, und sie sagt, wir reden erst wieder darüber, wenn du dich beruhigt hast. Selber, denke ich. Am nächsten Tag kommt Schlegel zu mir in der Pause, und sagt, ob ich nicht genug hätte? Weil, wenn du jetzt nicht genug hast, hast du nie genug, und ich merke mir das und dann siehst du, was passiert. Das nächste Mal, als es passiert, gehe ich nicht mehr rein. Ich gehe auch nicht mehr weg, ich sage weiter Sachen, zum Beispiel, warum tut ihr das? Hört doch auf! Oder auch, wenn sie beleidigend sind gegen den Kosovo, weil sie kennen es gar nicht. Um Freund mit Petrit zu bleiben, ist es gut.

Mit Petrit ist es also wieder gut, aber ich bin immer nicht sicher. Ich kann es fast nicht sagen, einmal mache ich es, sage ihm, dass ich halt wirklich nicht prügeln wolle und wenn ich es täte, würden wir nur beide sehr verschlagen, jedes Mal.

Währenddessen muss ich so schluchzen, dass ich viel Schleim in der Nase habe und danach ist es mir fest unangenehm.

Nach den Frühlingsferien macht das Schwimmbad schon auf und trotzdem dauert es so lange, bis die Sommerferien sind.

Ich bleibe stur.

Niemand von uns geht am Schluss nach Italien. Ich gehe zu Annina, Mami entscheidet sich, mit Roman nach Fuerteventura zu gehen, sie wollen surfen probieren in ihrem Alter. Sie freuen sich wie Kinder, zum Teil, wenn sie darüber sprechen, was sie essen und vor allem trinken. Dabei machen sie komische Witze, aber wir haben mehr Spass sicher, am besten war, als Schorsch einmal zu mir kam auf das Sofa und dann schleckte er erst mein Gesicht ab, was auch etwas eklig ist, weil er riecht und ihm klebt überall um die Schnauze der Speichel und er schleckt den Boden auch, aber ich habe ihn machen lassen, dann hat er sich hinten auf dem Sofa neben meinen Beinen eingerichtet und war brav, und ich habe so gut geschlafen. Auch am Tag danach schlief er bei meinen Beinen, aber ohne dass er mir davor das Gesicht geschleckt hat, es war wie eine Prüfung beim ersten Mal, habe ich das Gefühl.

An einem Tag sind wir aus dem Fenster geklettert, aufs Dach, und sind dort einfach gesessen, zum Runtergucken. Annina, Derya und Leon rauchen einen Dschoint, das ist wie eine Zigarette, aber riecht besser, und sie nehmen sie nicht vom Kiosk, sondern machen sie selber, und die Pflanzen, von denen er kommt, hat ein Freund von ihnen. Alle kennen sich also. Ich habe das Gefühl, dass es gefährlich ist, und ich glaube, verboten, aber sie machen es ganz normal. Sie sagen aber auch, dass sie nachher anders sind. Sie lachen fest, und ich lache auch, ich lache irgendwann so sehr, dass ich sogar vergesse, dass wir auf dem Dach sind. Es wird dann aber ein schlimmer Abend, also kurz, weil Derya geht zuerst rein und sieht die leere Verpackung der grossen Schokoladetafel auf dem Tisch. Es ist so giftig für Schorsch, er kann sterben, wir haben es doch so oft davon gehabt. Imfall, Annina, du bist unmöglich. Jetzt müssen wir in den Notfall, sofort, den Magen auspumpen. Wart, stopp, keine Panik, ich hab die doch fertig gemacht, als ich vorhin auf dem Klo war. Wirklich? Jahaaa. Dann lachen sie wieder so extrem. Leon reagiert die ganze Zeit weniger, obwohl es von früher sein Hund ist.

Am nächsten Morgen ist er zuerst wach, ich dann auch, und ich frage, wie das ist, mit einem Dschoint, weil sie waren sehr lustig. Er sagt, er ist im Stress und könne nicht reden. Das nervt mich, weil er hat mich ja geweckt und überhaupt, wenn

Menschen in einem Moment so ganz anders sind. Ich verstehe, dass sie sich nicht extra umgewöhnen für mich und sie hier leben, aber in dem Moment vermisse ich schon auch mein Zimmer. Leon macht sich einen Kaffee, was sehr lange dauert, weil sie haben eine spezielle Kanne dafür und dann trinkt er den sehr langsam und liest ein Magazin, das schon mit derselben Seite offen auf dem Tisch liegt, seit ich da bin. Und er sitzt mega lang, aber blättert nicht eine Seite um. Als ich Annina später frage, ob ich was falsch gemacht habe, sagt Annina, nein, er ist am Morgen einfach so.

Ich frage Annina, ob wir was machen, sie sagt, sie ist schon zu spät, heute müsse sie unbedingt in die Bibliothek, es sei schlimm, sie sei die ganze Woche noch nicht so weit gekommen mit der Arbeit. Auch für einen Kaffee ist es zu spät. Ich sage, das glaube ich nicht.

Ok, du hast recht.

Einen schnellen Kaffee, aber mit dem Wasserkocher.

Bis es brüht, geht es sehr schnell. Der Wasserkocher ist durchsichtig und ich sehe, wie sich überall der Kalk ablagert. Fast wie ein Stück Natur, das in dieser Küche wächst.

Annina macht nur einen Löffel Nescafé in ihre Tasse. In meine schüttet sie vier rein. Ich frage mich, warum. Milch? Ich schüttle den Kopf. Sie kommt und setzt sich an den Tisch.

Was machst du heute? Ich sage, ich bin noch ein Kind, und Annina sagt, ja, entschuldige, natürlich, sie habe ein Medikament genommen, um sich zu konzentrieren, weil es anders manchmal nicht gehe. Das Medikament mache, dass sie mit Wissen sehr gut umgehen könne, aber mit Menschen schlechter als sonst. Darum, vielleicht fällt es dir an meinem Blick auf. Da sehe ich nichts, aber ich merke, dass ich sie stresse, nicht ich, aber die Frage, was sie mit mir machen könne. Komm doch mit, schlägt sie vor. Du findest die Bibliothek sicher spannend, dort hat es mehr Bücher als irgendwo sonst im Land, du kannst da rumlaufen und sie anschauen, du musst einfach still sein und wenn du ein Buch willst, musst du es vorher mir sagen und es nicht einfach nehmen, dann kann ich es mit meinem Konto ausleihen, ist das gut?

Ich finde es spannend in der Bibliothek, aber es ist etwas schaurig. Wenn jemand nur hustet, ist es megalaut und wenn eine Person hustet, husten nachher andere, also es passiert so oft, dass es fast ist wie ein Konzert. In der grossen Halle schreiben alle, die wie Annina sich zuhause nicht konzentrieren können, aber Annina ist vielleicht die Einzige, die auch noch dieses Medikament genommen hat. Sie hat aber nicht die Krankheit, die man dafür braucht. Darüber darf ich mit niemandem reden, was aber auch einfach ist, weil ja alle still sein wollen.

Es gibt so viele Stockwerke mit Büchern, von da wo man reinkommt, ist die Hälfte gegen unten und die andere gegen oben. Ich bin hochgelaufen bis zum achten, aber das Schild sagt, noch mehr, es gibt zwölf. Bücher sind hier nicht nach Namen geordnet und nicht aufgeteilt in Geschichten und wahre Bücher, es gibt einfach eine Zahl, die immer mehr steigt und Buchstaben davor und die Buchstaben haben Namen für Themen, aber ich verstehe die Themen nicht, am ehesten noch das eine: Ideengeschichte.

Einfach überall durchzulaufen, ist spannend, am Anfang zumindest. So viele Bücher habe ich noch gar nie gesehen, was ja klar ist, es ist schliesslich die grösste Bibliothek im Land und in Italien sind wir immer am Strand oder im Restaurant gewesen.

Dann passiert was Blödes, als ich in einem Gang bin, merke ich erst, wie der ganze Gang fahren kann, was ich aber nicht weiss, sondern erst, nachdem er auf mich zukommt, und ich denke, ich werde zerquetscht. Dann sehe ich den Mann, der den Gang gefahren hat. Er sagt nicht mal richtig Entschuldigung, also er sagt das Wort, aber guckt mich nicht an und geht dann einfach in den Gang, den er breiter gemacht hat und ignoriert mich.

Von da an bleibe ich vor allem auf den Wegen in der Mitte, wo die Wände nicht fahren, aber darum sehe ich die Bücher nicht mehr genau. Ich gehe zurück in die Lesehalle, wo Annina ist. Ich möchte nicht mehr hier sein, ich sage es viel zu laut, und sie sagt, psst, aber auch ok, gehen wir Mittagessen. Die Sachen lässt sie einfach am Platz, weil man das darf, hier, das sind die Regeln, erklärt sie draussen. Wir essen Käsebrote, und sie sind etwas latschig.

Nach dem Mittagessen findet sie einen Platz für mich und ein Buch mit genauen Karten von der Welt oben und auch von den Teilen des Inneren, die bereits erforscht worden sind. Das Wasser ist rot am niedrigsten und grün am tiefsten, speziell sieht es aus, als wäre es falsch. Weil am Ufer ist ja viel Grün, in echt. Wenn ich den Text richtig verstehe, hat ein Satellit rausgefunden, wie das Skelett genau aufgebaut ist, und es ist krass, weil jede Karte für sich ist so kompliziert, und damit man weiss, wie es richtig ist, muss man alle zusammendenken, trotzdem ist es manchmal so rausgekommen, dass Tiefschiffe wegen dem Satellit meinten, es gebe einen Weg, aber dann war es gar kein echter Weg. Darum sind in dem Buch nur Karten, wo tatsächlich einmal Menschen gewesen sind und kontrolliert haben, was der Satellit sieht, wie es aussieht im Innern. An vielen Orten weiss man nicht, wie es in der Tiefe aussieht, vor allem in Europa, Australien und Japan, weiss man es genau. In Amerika nur im oberen Teil. Und es gibt zu viel Geld für Erforscher im Weltraum und zu wenig für solche im Meer.

Noch besser ist das nächste Buch, das Karten hat, aber nur die Unterseeebenen von Europa zeigt, alle Seiten sind aus Plastik, so dass man durchschauen kann, wo es immer tiefer geht. Aber auch hier steht, es sei sehr schwierig, Unterseekarten zu ordnen und sich händisch zu orientieren. Darum sei es besser am Computer, das Modell in allen Dimensionen anzuschauen, ich finde es toll, dass es das gibt und will nun auch einen Computer, aber vielleicht kann ich hier einen ausprobieren, wenn mir Annina hilft. Hallo Jona. Ich verschrecke mega, es ist Petrit.

Was machst du hier?

Meine Mutter arbeitet hier und mein Vater ist krank, darum bin ich mit ihr mitgegangen. Ich glaube ihm erst nicht, weil ich finde es sehr speziell, dass seine Mutter in dieser Stadt arbeitet.

Dann ist sie ja nie zuhause. Es geht über eine Stunde mit dem Zug und mit dem Auto, wenn es Stau hat noch länger.

Doch meine Mutter ist manchmal zuhause, manchmal den ganzen Tag.

Ich komme nicht mehr draus.

Ich habe nicht gewusst, dass deine Mutter mit der Universität arbeitet. Aber ich wusste, dass sie schlau ist und Petrit schon sehr gut Hochdeutsch kann, anders auch als zum Teil Schweizer Kinder.

Ok, ok, deine Mutter ist ein Doktor, aber nicht wie mein Doktor.

Ist das auch der Grund, weshalb du in der Erstkommunion bist?

Was, du weisst ja gar nichts? Im Kosovo sind auch Katholische. In Albanien sogar so viele wie hier. Du weisst ja gar nichts.

Ausser wenn die Kinder und Schlegel schon gemein gewesen sind, habe ich ihn noch nie so reden hören. Er tritt einfach stark auf.

An diesem Ort, merke ich, kennt er sich viel besser aus und ist auch anders. Vielleicht, weil von der Schule niemand da ist.

Als ich Annina auf dem Heimweg frage, ob sie vorwärtsgekommen sei, sagt sie, schwierig. Und es sind nun wieder viele da bei ihr, auch noch Melanie und Robin und Kathrin. Sie reden alle durcheinander und sind nett, aber auch nicht für mich, sie heben Annina wie weg.

Es ist sehr spannend, aber ich bin nicht dabei. Ich lieg schon bald im Bett und höre sie noch, die Gläser, und wenn sie was sagen, vor allem Melanie ist megalaut, noch von Anninas Zimmer aus.

Irgendwann zieht es mich raus. Ich schlafe, und es ist anders.

Ich spüre, wie eine Sonne in mir ist. Ich spüre eine grosse Wärme und ich kann allen alles gönnen, wenn sie Fehler machen, ist es nicht ihre Schuld, was ich weiss, weil ich schon so lange da bin. Ich leuchte. Ich sehe, wie die Blasentiere sich drehen und ich sehe auch eine Maschine, ich sehe wie ein Körper, der aus Glibber ist, sich zusammenzieht und wieder auseinandergeht, wie der Teil, mit dem er das Licht aufnimmt und sich wie hin und her bewegt. Ich sehe die Strahlen, wie sie vom Diamanten zurückspiegeln. Es blendet so fest. Ich möchte wegschauen, ich sehe es unten, ich sehe es oben, wie sich alles dreht, ich sehe überall, ich kann nicht wegschauen. Ich bin der Kern. Ich leuchte. Ich sehe Petrit und mein Mami, und sein Mami und andere Kinder, die wie in Ordnung sind, Annina auch. Sie machen Bewegungen, wie wenn man sich in der Badi anspritzt, aber sie haben eine grosse Kraft, die alles voller Luftbläschen macht, wie alles nicht mehr sichtbar ist, für einen Moment. Dann endet die Choreografie. Alles ist schnell und gleichzeitig still passiert. Alles ist so ruhig, ich habe nichts zum Hören. Petrit und mein Mami und Annina kommen näher. Sie sprechen, aber für mich bleiben sie stumm, sie sind nett. Die anderen Kinder bleiben da. Ich sehe, wie silbrig die

Haut von Petrit ist und die von Mami auch, und Annina ist sogar wie der Regenbogenfisch. Es glitzert in allen Arten. Sie sind jetzt schon ganz nah und nähern sich von allen Seiten. Und dann kommen Blasentiere, sie sind nett, und Angst hat niemand, und sie kommen zu Annina, Mami und Petrit. Das Wasser macht ihre Bewegungen mit, das Wasser schafft ihre Bewegungen, das Wasser geht in alle Richtungen, weshalb es speziell ist, der Kern zu sein. Ich bin fest. Mich kann es nicht wegströmen. Ich bin im Mittelpunkt, ich weiss nicht, ob es um mich geht. Die Haut macht auf, und Annina und Petrit, Mami und sonst die Gesichter, die ich teilweise erkenne, können sich wie hineinbewegen, wie wenn man in ein Haus eingeladen wird, und es ist wirklich eine Einladung mit ausgestreckter Hand und aufgehaltener Tür. Und dann sind sie in den Blasen und sie drehen sich und wir haben es lustig, obwohl wir Unterwasser nicht zu reden haben. Ich lache wie und spüre das dadurch, dass alles noch wärmer wird und bleibt, und die anderen Kinder können zum Zuschauen kommen und bleiben auf Abstand, und das ist die Welt und sie bleibt ganz ein Kristall. Sie freuen sich, mich zu sehen, und ich freue mich für sie. Genau gucke ich, wie die Tiere leben, wie die Organe pulsieren, wie die Innenwelt glitzert. Das kann ich wie für immer tun, ich denke auch in echt.

Wie ich ende

Nachdem er das Angebot gemacht hatte, wollte Annina erst einfach würfeln. Mich hat das aufgeregt, noch bevor ich mich entschieden hatte, ich war wütend, gestaut, ich wollte weinen und schreien. Ich fühlte mich wie ein verstopfter Siphon, und was tun sie? Sie entscheiden sich für ein Kinderspiel.

Wer die höhere Zahl würfelt, geht mit. Hast du denn einen Würfel hier? Er wollte lieber Schere, Stein, Papier spielen. Sie hat zugestimmt, die erste Runde gewonnen, aber dann nur verloren. Lass uns trotzdem noch würfeln, Annina. Nein, wo nehmen wir den denn her? Sie sagte, es sei gut. Es sei entschieden. Ich wäre gern in einem anderen Raum gewesen oder nicht bei Bewusstsein, aber ich war ja der, für den es den Raum gab. Der, der im Bett lag. Nun bin ich fit für den Moment, aber weiss um mein baldiges Ablaufdatum und neben mir sitzt Petrit. Ich muss jedes Mal bewusst zu ihm schauen, so ganz wohl ist es mir noch immer nicht, wie er plötzlich wieder in meinem Leben aufgetaucht ist. Gerade eben hat der Mister Trip Attendant gesagt, wir seien nun 2000 Kilometer tief. Es dauert. Die meisten dämmern oder schauen nach vorne, einmal habe ich das Gefühl, eine Frau in der dritten Sitzreihe würde mich angrinsen. Es ist die längste Reise meines Lebens und sie widerspricht allem, woran ich glaube. Meine Geschichte war in den Medien, Petrit hat geschworen, dass er damit nichts zu tun hatte.

Aber am Ziel der Reise sehe ich alles, was ich noch sehen will, also abgesehen von meinen Eltern, Annina und ein paar Freund:innen. Ich schaue durchs Fenster, beste Plätze, überall Wasser, ich nehme die Luftblasen wahr, immer mal wieder die Ahnung der Struktur, die uns umgibt. Das Konzept der Benzos für alle macht schon Sinn, das muss sogar ich sagen, obwohl ich trotz vieler gegenläufiger Gefühle möglichst viel mitbekommen will. Ich denke, wenn ich so schon viel Ärger über Petrit in mir trage, wie wäre es erst ohne. Ich streife den links neben mir, oder eher die beiden, die praktisch aufeinanderliegen und in meine Richtung kippen. Ich sitze angewinkelt, wie ich es tue, seit ich es gewohnt bin, öffentlich zu sitzen, etwa an Podiumsdiskussionen, mit verschränkten Beinen. Aber ich lasse mich nicht stören. Denn wenn ich nach rechts gucke, dann muss ich das bewusst tun. Rechts neben mir ist Petrit, wenn ich zu ihm gucke, schaut er mich interessiert an, fragt, na?, und dann muss ich was sagen und das fällt mir schwer. Ihm gehört das Tiefboot, er hat die Reise entwickelt, ausgedacht, vielleicht sogar diese Texte geschrieben, die wie Predigten klingen, sie mindestens aber freigegeben. Ich frage ihn also nochmal das Gleiche, ohne Spruch und Witz diesmal. Ja, du hast recht, das ist bewusst so, weil wir zum Schluss gekommen sind, dass wir die Menschen erwischen, wenn wir auf einen Ton setzen, der sie fast alle von klein auf geprägt hat. Besonders die, die nicht mehr glauben, die, für die Gott ein Reizwort ist, bei dem sie sofort zumachen. Auch diese Menschen sind sehr offen für die Art, wie wir über unsere Welt sprechen und ihre Wunder.

Den introvertierten Jungen, der mit mir Eidechsen suchte oder Buchennüsschen schälte, sehe ich nicht mehr. Petrit ist, ja wer, was, wo?, in einer anderen Welt als ich, vielleicht das Zentrum einer Welt. Er ist sehr erfolgreich und sagt, es geht ihm ums Bewahren, aber entweder verschliesst er die Augen davor, wie drastisch es ist, oder er denkt, dass er nichts lösen kann und möchte stattdessen reich sein und bleiben. Zu dieser Kluft zwischen uns hat er nie etwas gesagt. Nicht mal, dass er diese anerkennt. Da habe ich nichts wahrgenommen, seit er Kontakt aufgenommen hat. Er versprach, dass es ihm um mich geht, um unsere Kindheit, er plane keinen Triumph, werde es nicht ausschlachten. Auch nicht, nachdem ich tot sei.

Vielleicht ist mir die Reise lieber mit ihm. Wenn schon. Ich weiss nicht. Mit Annina wäre es auch anstrengend, na?, würde auch sie sagen, es wäre schwer, sie anzuschauen. Weil ich weiss: Sie würde mich prüfen, selbst wenn sie sich fasst und einen ruhigen Ton anschlägt, würde ich spüren, wie sie einen Anfall, eine Katastrophe, Schlimmeres befürchtet. Schlimmeres, wie sie immer sagt, die die Redewendung umgedreht hat, im Spass mal, weg von solange nichts Schlimmeres ist, der Beruhigung, dem Wattebausch des Carpe Diem. Stattdessen sagt Annina, schon lange ist Schlimmeres. Ob sie es heute noch sagt? Mir jedenfalls nicht, seit ich krank bin. Die Wortspiele hören auf, sobald Schlimmeres ist.

Das haben auch wirklich viele geschaut, ihr Video, kurz bevor sie kehrtgemacht hatte aus der Comedy. Es ging viral, da war sie auf Besuch bei Mutter in Fuerteventura oder auf sonst so einer Insel, so weit führte sie ihr Wandel, dass es zu einem Monat mit Mutter reichte, über den beide gern sprechen. »Hier ist alles stabil«, hat Annina unter das Foto von beiden geschrieben, wo ich unsicher war, wie sie es gemeint hat, denn was die Kanaren angeht, so gibt es wirklich ungute Messungen, das sind einfach Fakten. Aber es war auch eine Reaktion auf meinen Screenshot von Youtube, als sie 500.000 oder so durchbrach, ich schrieb was, wie es explodiert ja grad voll, oder so.

Wir haben beide grossen Frieden mit unseren Eltern und der Kindheit gemacht, ein Gedanke, der mich in dem Moment fast streichelt, als wäre er die Umarmung einer Person, die mit mir unterwegs ist, jetzt in die Tiefe. Es sind gute Eltern.

Petrit sagt, er habe Hunger, während er schon den Schlauch in der Nase hat, sagt er, du musst auch essen, wenn sie dir doch extra einen Tank ohne Glukose parat gemacht haben. Der Witz meiner Entscheidung ist aber genau, dass ich keinen Tank ohne Glukose mehr brauche. Wenn ich nicht mehr dagegen kämpfe, muss ich auch nichts bremsen. Verstehst du das, verstehst du nicht, wie müde das macht? Ich behalte diese Fragen für mich, denn bereits dämmert Petrit, ich gucke mich um, nur noch wenige sind wach. Draussen ist nichts. Als Einziges zu sehen, ist unsere Bewegung der Tiefe entgegen. Das ist ja eigentlich ein gutes Zeichen, haben sie wenigstens nicht die Tiefenroute zum Europapark umgebaut und ausgeleuchtet, wie ein

Märchenzug zum Anfang von allem. In der Kabine ist es kalt, so wie ich mir das vorgestellt hatte. Weil der Druck nur langsam steigen darf, die Elastizität des Tiefboots nur langsam angepasst wird, sinken wir lange, sinken wir noch immer langsam, keine 300 Stundenkilometer.

Die Passagiere, die ich im Halblicht erkenne, sind alle blau oder schwarz gekleidet, kombiniert mit weiss, sogar Petrit. Das Sogar ergibt sich einzig aus meiner Erinnerung an den Petrit von früher. Auch er trägt diesen Stil, bei dem ich an Yachten denken muss. Das überrascht mich. Obwohl ich wenig über Petrit weiss, wie er heute ist, und darum auch nicht sagen kann, ob mich das überraschen sollte. Kleidung, in der sich seit hundert Jahren Menschen über andere Menschen stellen, solche, die wollen, dass man diese Absicht beim ersten Blick erkennt. Die Frau in weisser Bluse, der Mann mit einem Pullunder – ja, das sind keine Pullover, solche Leute sagen das so, egal, aus welcher Region sie kommen. Der Mann mit einem Pullunder über den Schultern. Es sind immer Frauen und Männer, Männer und Frauen, und sie haben immer eins bis drei Kinder, weil … was gäbe es auch für Gründe, keine zu haben? This is fine, ihre Welt in Ordnung. Die Tochter mit einem Haarreif, der Sohn mit dieser Art Angebergesicht, in das ich gern reinschlüge.

Ja, ja, so einen Balg sehe ich natürlich, als ich mich umdrehe.

Ich lächle innerlich, als ich mich daran erinnere, wie ich als Kind dachte, es gebe eine unterirdische Abkürzung nach Italien. Es sind 5000 Kilometer, bis sich die Tiefe öffnet und alle Gewässer zusammenkommen. Darüber herrscht ein Gewirr aus Gängen, Höhlen, Verbindungen, in die sie keine Luxusfahrten machen. So sehr ich dieses Bonzentum verachte, dieses Spektakel, dieses Gehabe angesichts dessen, was uns bevorsteht, oder den anderen bevorsteht, mir kann es jetzt egal sein: Wenigstens haben sie nicht alle hier nach unten gelassen. Wenigstens ist es ein Luxus geblieben.

Sie können sich bequem zurücklegen, jederzeit steht es Ihnen frei, sich an unserer Benzobar zu bedienen, wir haben nun noch 2800 Kilometer vor uns. Diese vergehen – nicht im Flug –, wenn sie das Wortspiel erlauben. Damit unsere Maschine dem gewaltigen Druck standhalten kann, bleiben wir bei unserer gegenwärtigen Sinkgeschwindigkeit von 295 Stundenkilometern. Seien Sie unbesorgt, falls Sie sich für einen rauschenden Schlaf entscheiden, wir tragen Sie auf Wolken in die Tiefe.

Ich habe mein ganzes Leben Widersprüche aufbrechen wollen, aber in einer so widersprüchlichen Situation war ich noch nie. Seit Petrit erfahren hatte, wohl über unsere Väter, wie es mir geht. Das Angebot war schon da, als ich wieder wach und zu einer eigenen Meinung fähig war. Mutter, Vater, Annina haben sich schon darüber gefreut, ich habe mich gefreut, einfach, sie zu sehen.

Dann ist Petrit gekommen, hat mich spazieren gefahren, über das Spitalareal und darüber hinaus, obwohl ich gar keinen Rollstuhl brauchte, hat gesagt, dass unsere Puppen früher wohl ein paar Hirnerschütterungen bekamen, so wie wir sie über den schmalen Kiesweg schepperten. Er hat sich erinnert. Er witzelte, dass er nun, wo sein Vater noch laut rumkreischen kann, zu mir flüchtet, um mich rumzuschieben, um zu üben, ihn rumzuschieben, falls er sich irgendwann so wenig wehren kann, wie ich mich mit all dem Morphium innendrin. Wir lachen, wir reden, auch darüber, wie unsere Väter wohl im Reparaturverein zusammen reden: Doch, doch, Carlo, das Radio ist noch gut, da musst du nur den Leckstrom im Kondensator prüfen, aber sei vorsichtig, Carlo, wir haben Zeit. So wird das sein. Das war ein übermütiger Tag. Doch nun, wo Petrit neben mir sitzt, frage ich mich, warum? Was will er eigentlich, weshalb kommt er nun zurück, im letzten Achtel meines Lebens und unterbreitet mir vor meiner ganzen Familie das Angebot, so dass ich es nicht ausschlagen kann, und sitzt sogar da, wo

Annina sitzen könnte oder eine Person, mit der ich in den letzten zwanzig Jahren Kontakt hatte, von mir aus sogar Mami. Obwohl, das würde sie auch nicht mehr überleben, vielleicht, Papi sicher nicht. Was hat Petrit davon, diesen einen Moment meines Lebens mitzubekommen?

Mich nimmt es wunder, ob wir überhaupt was sehen und das eine Idee gibt davon, wie schlimm es um die Tiefe und das Terraskelett steht oder ob unsere Route und Aussicht so gelenkt sind, dass wir nur schöne Fassaden erleben. Wenn man alle Menschen informieren würde, ja, das wäre noch nicht mal nötig, es wäre genug, wenn man sie fragen würde. Ist der Planet vor dem Skelettkollaps? Ich bin sicher, die Mehrheit würde zustimmen. Doch sie werden gefragt, worauf sie verzichten wollen. Im besten Fall lautet die Frage: Wollt ihr euch retten?, nie ist die Frage: Soll es in 100 Jahren noch einen Planeten geben? Im Studium sollte ich eine Arbeit über die Frühe Neuzeit schreiben, ich habe mich mit Chiliasmus und Millenarismus auseinandergesetzt, der Schwemme an Weltuntergangspanik in der frühen Neuzeit, die mit all den Jesus-Freaks einherging, die plötzlich ihre eigenen Kirchen gründeten oder zumindest die alten Kirchen stürmten und zertrümmerten. Ich fragte mich beim Schreiben: Befinde ich mich in einer ähnlichen Panik? Ja, es fasziniert mich, wenn ein Gebäude einstürzt. Ja, ich kenne einen Zerstörungstrieb. Ja, ich finde manche Menschen, vor allem solche, die mit mir nun diese Reise machen, hätten es verdient, zerquetscht zu werden. Ja, aber leider folge ich keinem Flugblatt, das irgendein extremistischer Täufer bei Johannes Froben hat drucken lassen, sondern Fakten. Fakten, die alle anerkennen, ausser ein paar gekaufte Quatschköpfe und der Tiefentourismus. 1 – 1350 – 3560 – 1 – 1350 – 3560 – 1 – 1350 – 3560. Diese Zahlen sind mir vertraut, ich habe Bilder für sie, ich sehe sie entlang von meinem Leben. Die letzten anderen, die verharmlosen, kommen aus dem Lager, in dem Gott die Welt für sie eingerichtet hat. Die glauben solchen Stuss und trotzdem versuchen sie uns als Panikmacher darzustellen, als Panik-Freaks. Dabei gibt es eigentlich keine Zweifel, es ist wissenschaftlicher Konsens. Das Einzige, das dagegenstehen kann, sind schöne Bilder. Propagandaszenen. Auf denen zu sehen ist, wie es um den Kern herum noch immer glitzert und funkelt und schillert und wie die Tiere noch so transparent sind, wie als erstmals ein Bild von ihnen die Kinder der Welt beglückt hatte, also diejenigen, die so begütert gewesen waren, dass ihre Eltern sich einen Fernseher ins Haus stellen konnten.

Petrits Firma wirbt damit, mit den Einnahmen nachhaltigen Tourismus zu fördern, Projekte, die den Kernraum reinigen und dafür sorgen, dass die Tiefenwelt unbeschadet bleibe. Von jedem Ticket à 50.000 Franken geht ein Fünftel an den Umweltschutz. Doch ich bin sicher, dass dieses Versprechen hohl ist. Die Katastrophe steht unmittelbar bevor, Reiseunternehmen wie Petrits verschleiern das, weil sie weiterverdienen oder gar am Dreck doppelt verdienen wollen, weil sie ihre Finger in den angeblichen Schutzprojekten haben. Mindestens eines von beidem trifft zu. Doch zu lange haben grosse Staaten ihre Tiefenhäfen und die damit einhergehende Kontrolle Privaten überlassen. Heute verfügen die Vereinten Nationen über vierzig Fahrzeuge, die fähig sind, in der Tiefe zu filmen, und ihr Stauraum und ihre Sauerstofftanks reichen aus, damit sich ein Inspektionsteam länger als für eine schnelle Durchfahrt dort aufhalten kann. 40! Von zehntausend angemeldeten Tiefbooten!

Als die Tiefe zugänglich wurde, haben sich ganze Gesellschaften an der Wildwest-Romantik berauscht, das Ideal verfolgt, dass alles frei sein sollte, unkontrolliert, auch weil man im Bemühen um Frieden am Ende der 1980er-Jahre gefürchtet hatte, dass eine Überweltmacht aus den Trümmern von USA und Sowjetunion wachsen würde, wenn man die Territorialidee ins Zentrum ausweitete. Damit schlug ich mich an der Uni herum statt mit den Pflanzen, Tieren, mit der Welt. Warum? Wirklich, weil ich Angst hatte vor Mathematik? Lange war ich neidisch auf die, die es sehen. Ich fragte mich, ob ich in der Biologie hätte einen Beitrag leisten können. Ob ich mich aus Angst blockiert habe. Aber nein, ich kenne genug Menschen in der Wissenschaft, um zu wissen, wie verzweifelt sie sind. Dass sie sich genauso fühlen wie ich. Ich habe es wenigstens nicht schlechter gemacht. Von dieser Reise einmal abgesehen.

Wenn das Skelett bricht, wenn es den Kernraum zerschmettert, wird im allerallerbesten Fall nur die Strahlung steigen, am stärksten in Südamerika und im südlichen Afrika, Haut- und Schilddrüsenkrebs werden zur Seuche. Die magnetischen Pole drehen sich, das kann Jahre gehen oder zehntausende, und alle Technologie kann abstürzen, die auf die Pole setzt. Bis sich der Kernraum wieder verhärtet, die Erdbeben, die Sturmfluten, die Dürren, das Strahlungsinferno aufhören, geht es erdgeschichtlich um nur ein Zwinkern, vielleicht fünfzigtausend, vielleicht hunderttausend Jahre. Flächen von Städten, von Ländern können einbrechen, Inseln knicken und freischwimmen, bis sie an Landmassen krachen, bis sich ihre Sedimente neu verhaken, bis sich Wasser und Magma neu verfestigen.

Schon lange weiss ich, dass es so weit kommen wird. Dass ich meine Erwartungen an menschliches

Leben negativer eingeschätzt habe als meine eigene Lebenserwartung, ändert nichts daran. Klar, für mich ändert es etwas. Für alles andere, alle anderen nichts.

Heute, hier, jetzt

Die Welt ist keine Scheibe. Die Realität wird keinen Knall erleben, keinen Moment, in dem alles einknickt. Kipppunkte bedeuten nicht, dass Menschen über eine Kante fallen.

Du hast diesen Text so schnell verfasst. So tief warst du drin, alles hat sich im Schreiben so leicht angefühlt wie auf der einen Bahn auf der Herbstmesse, leider kannst du dir ihren Namen nie merken, und bis nächsten Herbst, sei ehrlich, wäre es dir am liebsten, diese Worte würden schon zwischen einem Buchrücken gepackt sein. So lange magst du nicht warten.

Es ist die harmloseste all der Bahnen, die ihre Passagier:innen mit einem Schulterschutz einpackt. Sie hebt sie nicht über Kopf. Sie braucht keine Gelenke in alle Richtungen, stufenlos, für ein dreihundertsechzig Grad Erlebnis. Diese Bahn dreht sich einfach. Eine Runde im Gegenuhrzeigersinn. Die Schulterpolster braucht sie aber. Denn bei jeder Umdrehung sind alle

eine Millisekunde schwerelos. Dafür zahlen sie sieben,
acht, neun Franken. Alle ausser du.

Du bist seit deiner wirklichen Kindheit nie mehr
auf dieser Bahn gewesen. Dir reicht die Erinnerung.
Im Gefühl, das sich einstellt, kannst du um dich selbst
kreisen. VÖLLIG LOSGELÖST VON DER ERDE
und dann, wer will nochmal, wer hat noch nicht.

Das Jahr 6, in dem ich es weiss

Mein Rucksack ist keiner mehr, der extra für die Schule gemacht ist. Annina ist seit mehr als einem halben Jahr im Austausch in Irland, und schon gleich lang gibt es eine neue Schule, zu der ich mit dem Zug hin muss. Meine ersten Noten sind nicht gut, mein Mund ist nicht gemacht für Französisch, und ich finde mich nicht zurecht in dieser Mathematik, mit Cosinus und allen Sachen, die komplett nicht konkret sind und für mich nichts beschreiben, was es in der Welt gibt. Petrit versuchte mir mal zu erklären, warum viel mehr Zahlen, die mit einer 1 beginnen, existieren als solche mit einer 9. Das ist konkret, hat er gesagt, aber mir fehlt die Verbindung.

Die Klasse ist besser und es gibt niemanden mehr, der offensichtlich gemein ist. Aber ich merke, wie ich manchmal stinke, obwohl ich Deo benutze.

Ich merke, wie andere einfach das richtige Gefühl für Kleider haben und ich habe einfach irgendwas an. Noch immer habe ich an den Oberschenkeln gar keine Haare, und im Gesicht gibt es mehr Lücken als Bart. Ich mache mir Gedanken, ob etwas in mir nicht funktioniert und mein Körper sich in die falsche Richtung entwickelt oder überhaupt weit genug kommt. Wenn ich an meine Eltern denke, würde mich das nicht wundern. Am liebsten würde ich alle diese Gedanken abschalten und mich auf die Sachen konzentrieren, die nichts mit mir selbst zu tun haben.

Sachen, die mich interessieren, wie Wissen und Biologie, aber nicht so, wie wir es hier lernen. Erst habe ich mich gefreut, dass Biologie hier ein eigenes Fach ist. Der Name kommt von Bios, Griechisch für Leben und Logos, was Lehre heisst, aber das interessiert mich weniger. Die Lehrerin ist netter als Frau Mahler, doch es ist schwieriger, und wir haben mit Tieren selbst weniger zu tun, mehr mit Aufgabenblättern. Wir müssen auswendig lernen, was auf die Linien auf dem Blatt geschrieben steht. Es ist immer ähnlich, ob es um Blüten geht oder Geschlechtsorgane oder Zellen und wie sie sich teilen. »Osmose ist eine Diffusion durch eine semipermeable Membran.« Die Pünktchen auf dem Blatt gehen in der einen Richtung durch die Zellwand und in der anderen nicht. Wir haben neu auch Geografie als eigenes Fach. Am Anfang ist es blöd, weil wir die Länder und Hauptstädte lernen müssen. Dann wird es spannend, weil es geht darum, wie der Planet gebaut ist. Ich möchte eigentlich Biologie besser finden, aber es gefällt mir in der Geografie besser. Das Beste ist, dass die Schule an einem anderen Ort ist und Petrit mit mir in der Klasse, wo er nicht gemobbt wird, sondern gut im Zentrum steht.

Es ist aber ein Jahr, in dem mir die Schule weniger wichtig ist. Ich hatte gespart, bis ich mir einen Computer kaufen konnte, das war schon lange die Idee, anfangs weil ich gemerkt habe, wie ich nur so die Welt sehen kann: dreidimensional. Also, das merkte ich ein wenig wegen den Planetenmodellen, Computer können berechnen und genau zeigen, was übereinandergelegte Kartenfolien verschoben zeigen, als wären es Kaleidoskope. Jedes Mal, wenn ich in den letzten Jahren Annina besucht hab, war ich auch in der Unibibliothek, immer seltener aber mit einem Buch, oder höchstens, wenn ich Mythen las über gigantische Blasenfische, die an den Strand gespült wurden und wie man im Mittelalter geglaubt hat, nomadische Völker würden in ihnen leben und so durch die Weltmeere tauchen. Doch um genau zu sehen, wie der Planet gebaut ist, sind Computer viel besser. Weshalb ich mich auf meinen eigenen gefreut habe. Vielleicht würden die Modelle und die Zahlen daneben, über Druck und Koordinaten, und wie sie zusammenkommen, auch noch helfen bei meinem Eintritt in die Mathematik.

Doch wenn ich aufmerksam in mich reinhorche, weiss ich auch, dass ich nicht die meiste Zeit etwas über den Planeten lernen möchte, schon gar nicht mit dem Computer. Da gibt so viel zu tun, ob es ein Videospiel ist oder darum geht herauszufinden, wie ein Spiel funktioniert, also wie der Computer eingestellt werden muss, dass es funktioniert oder sonst lustige oder nichtlustige Sachen, so wie Bilder von Peinlichem. Es gibt immer was, das ich noch nicht kenne und dazwischen habe ich gut Pause, denn es braucht auch Zeit zum Laden. Ich habe vor allem gesagt, dass ich einen will, damit ich auch die Unterseewelt bis in die Tiefe genau anschauen kann wie in der Bibliothek, aber ich gebe zu, dass ich die meiste Zeit was anderes mache, ausser, als er neu war. Und die Tiefendarstellung ist halt gar nicht so spannend, weil oft sind die Aufnahmen ungenau, man kann im Internet besser schauen, wie der Mars aussieht, als unser eigener Planet von innen.

Mit den Internetseiten ist es so, dass ich manchmal da lande, wo ich es gar nicht geplant habe, etwa wo behauptet wird, dass unser Planet zwei Monde hat oder auch über das Innere der Erde, dass da gar kein Wasser sei, sondern der Planet hohl und es dort Fabriken gebe, wo Fleisch aus Menschen gemacht würde. Fast bin ich froh über solche, die nur erklären, wer Jack the Ripper wirklich ist. Ich schaue diese Seiten an, weil ich es nicht nicht kann, doch ich bereue es immer. Die Bilder und Ideen drehen in meinem Kopf und immer weiter. Ich suche Sachen, die sich bei mir einbrennen und die ich dann nicht vergessen kann. Und manche Bilder will ich immer wieder sehen und dann bereue ich es. Und dann lese ich Texte, von verschiedenen Seiten, dazu, was passiert, wenn Minderjährige solche Bilder sehen und es für sie normal wird. Das ist nämlich gefährlich. Aber ich frage mich auch, ob das so schlimm ist. Weil einmal war ich mit Roman mit zu Freunden von ihm, wo wir einen Film geschaut haben, wie Milch aus der Brust einer Frau spritzt, und sowieso schon in der Schule vorher bringen Schüler Penisse ausgedruckt mit und jetzt in der neuen Schule noch mehr da, haben so viele Playboy-Hasen, zum Beispiel auf dem Etui, dass ich mich frage, was normal ist. Im Internet gibt es alles, nicht nur von Menschen, sondern auch Tierquälerei.

Besser ist es und auch packend, aber wie mit einem Sicherheits-Airbag, wenn ich das Autorennspiel spiele, wo es auch ein Maschinengewehr und einen Raketenwerfer gibt. Ich lese auch Bücher, viele, kann mir die Autorennamen gar nicht alle merken. Im einen, das in einer Reihe ist, geht es um einen Mann, der hat sehr viel Schmerzen von den Wunden nach einem Kampf mit einer Frau, mehr weiss ich nicht mehr, seit ich es zugeklappt habe, aber es ist intensiv und geht viel schneller als die Realität. Am liebsten sind mir die, in denen Schneckenaliens viele Menschen übernommen haben und Kinder sich in Tiere verwandeln und dagegen kämpfen. Es ist, da muss ich ehrlich sein, fast die gleiche Geschichte wie im Internet, wo es wirklich ernst ist, aber es ist ja was anderes in einem Buch, denn in den Büchern, also dieser Art, ist alles klar erfunden. Zum Glück.

Im Sommer bin ich in einem Sommerlager, wozu mich ein Mädchen aus einer Klasse eingeladen hat. Es ist sehr schön. Ich lerne, was ich sonst nirgends lernen würde. Wie man Knoten macht, beispielsweise der Maurer ist am einfachsten, ich mache den Maurer am liebsten, denn er hält ebenso gut wie die komplizierten. Dazwischen wird oft über Gott geredet, aber anders, als ich es aus dem Firmunterricht und der Kirche kenne, mehr wie, als wäre er ein Freund, also es sagen auch fast alle, dass er ein Freund sei und dabei vielleicht wichtiger noch als die besten. Ich glaube das schon auch, aber anders als Petrit, und ich bleibe zurück mit einem Gefühl, ich frage mich, ob mich Jesus ebenso interessieren würde, wenn er nicht von so Leuten käme, die schon Frauen sind, aber noch jung genug wie ich, oder Jungs, die komplett Bärte haben. Und halt auch viele andere Sachen, die ich sonst nicht machen kann, wie beispielsweise nur schon in einem Zelt schlafen, das nicht einfach ein fertiges Zelt ist, sondern wir aus Blachen bauen, ebenso wie wir auch das Plumpsklo ausgraben und viele Sachen machen, die wirklich so von Grund auf sind und also das Gegenteil vom Internet. Natürlich bringen Leute mit Autos die Sachen zum Lagerplatz und es hat viele Tomaten in Dosen, es ist nicht alles selbstgemacht, sonst könnte sich so ein Lager mit so vielen Leuten auch gar niemand leisten, aber es ist alles in allem mehr in der Natur, als ich je war. Es hat, logisch, auch Mädchen, aber wir lernen, wie man Abstand hält und vorsichtig ist.

Nach dem Lager fühle ich mich komplett mitgenommen.

Nach der Scheidung, als ich noch sehr klein war und Annina mit dabei, waren wir anfangs ein paar Mal mit Papi zelten gegangen, aber das war einfach so auf einem Platz, wo wir direkt mit dem Auto hinfuhren, und was besonders schwierig war, ist, wie er immer davon erzählt hatte, was früher war, also wie er früher war. Denn da war er schon fast immer faul, jetzt ist er schon wieder weniger faul als gerade da, als sie sich getrennt haben. Doch mit der Teigwarensuppe vom Gaskocher und Annina sind es schöne Erinnerungen.

Das erste Mal bei ihm nach den Sommerferien erzähle ich, wie das Lager toll gewesen ist, und er erzählt davon, wie er auf Baumstämmen über die grössten Flüsse der Welt gefahren ist und wie er in tiefe Höhlen durchs halbhohe Wasser gekrochen ist, für fünf Tage oder so, auf alle Fälle fast eine Woche. Er erzählt diese Sachen, während ich neben ihm im Auto sitze, manchmal fragt er, wie es Annina geht, das hat er früher nicht gemacht. Früher hätte ich dafür vielleicht losgesprudelt in der Antwort und gerade weiss ich halt auch nicht viel, was ich ihm sagen kann. Weil die Lücke zwischen Annina und ihm einfach schon lange ist und ich sie nicht allein zumachen kann, aber das Gefühl habe, wenn ich antworte, würde es die Situation verlangen. Ich sage, ruf sie doch an, ich denke, das freut sie. Er sagt, vielleicht, ja. Dann dreht er am Radio und macht gleich wieder leiser, als ihm eine Geschichte in den Sinn kommt. Es geht um einen Wasserfall und wie man, wenn man sich auskennt, dort einfach runterspringen kann. Das ist in den Einigen

Staaten, wo er auch einmal war. Wenn er so erzählt, tönt es immer toll. Aber immer, wenn er mit mir ist, braucht er lange, um überhaupt aufzustehen. Es wäre besser, wenn ich nur das wüsste und nicht seine Geschichten und wie andere Kinder über Väter erzählen, von Velotouren und so.

Petrit traf ich bisher in der Mitte von mir und der Schule, was lustig ist, weil wenn ich mich erinnern will, hat mein Weg immer erst da begonnen, wo er ist. Doch nun ist es noch lustiger, weil wir gehen mit dem Zug zur Schule und der ist direkt vor seiner Haustür, was auch dazu führt, dass ich seine Eltern öfter sehe, und sie sind nett und haben sich gern. Mein Papi wohnt am einen Hügel, Grabhügel heisst er, Mami wohnt am anderen, der schon Berg heisst, Igelberg, da ist auch die Kirche vom Sommerlager. Bei Mami habe ich ein richtiges Zimmer, das sich auch so anfühlt. Papi wohnt in einem alten Haus, wo aber die Aussicht besser ist. Sein Haus bleibe alt, weil er nicht so viel Geld habe, aber er hat gar nicht so wenig, doch wenn ich frage wie viel, sagt er immer nur: Reich sind die da unten am See, die am Ufer wohnen.

Als das Wasser kommt, weiss ich, wie dumm sie sind. Wieso wohnen die am See, Papi? Ja, das ist vielleicht die ausgleichende Gerechtigkeit, hat er geantwortet.

Also das stimmt nicht, weil sie haben ihre Sachen verloren, zum Teil sind die Häuser kaputt, aber sie haben noch ihre Bankkonten und sonst so Sachen. Ich merke, wie ich im Vergleich zu anderen, die vielleicht immer in die Ferien fliegen, viel mehr Freude habe an Sachen wie Spiele oder Filme, ich will möglichst viele haben, aber ich weiss auch, dass das eigentlich komisch ist, weil eben die Welt so ist, dass man Filme kauft, aber die Filme dann nicht wie ein Goldvreneli sind, nicht wirklich einen Wert haben.

Ich lebe. Die Rechnung ist einfach klar. Sie geht so, dass man die Zahl sieben durch sieben Millionen teilt, weil nach dem Wasser sind überall im Land insgesamt sieben Menschen tot, die ich alle nicht kenne. Mit dem Ergebnis ist es dann plötzlich absurd so, dass es mir komisch vorkommt, noch zu leben. Als der See zu uns kam, hat es mir schon Angst gemacht. Papi ist sehr vorsichtig, er hat zwar Probleme damit, Ordnung zu halten, aber wir sind schon zum Schlafen, am Abend bevor das Wasser wirklich gekommen ist, in den Estrich gezogen. Hier gibt es noch ein WC, was wichtig ist auch, weil da hat es auch ein Lavabo zum Trinken. Aber das darf man nur noch brauchen, um sich das Gesicht zu waschen, oder besser nicht mal so unbedingt. Wir haben jedenfalls einen Campingkocher, um das Wasser wieder gesund zu machen.

Mein Vater langt mir die Mineralwasserkisten an der Treppe und dann trage ich sie hoch, dann auch Kekse, Käse, und bevor er hochkommt, brät Papi uns noch zwei Burger, das ist toll, danach ist alles, was wir essen, roh. Es ist warm, so direkt unter den Ziegeln, und ich habe in den Plastikballen genestelt und darin eine Art gelben Schaumstoff gefunden. Das ist gefährlich, vor allem für die Augen, sagt Papi und erklärt, was Glaswolle ist. Wir haben auch einen kleinen Fernseher im Estrich, den er mal von Omi mitgenommen hatte, weil er so alt ist, dass er für ihn schön ist. Für eine grosse Umstellung – wo ja auch sein neuer Fernseher in Sicherheit kommt – ist Papi zu faul.

Dieser Fernseher zeigt nur schwarzweiss, und dann hat es in manchen Momenten gewirkt, als würden wir alte Bilder schauen, als Papi noch ein Kind war, und nicht das Dorf, wie es weiter unten ist und wie braunes Wasser als Fluss durch die Unterführung fliesst, ich denke an Klonkilonk und dass er deswegen keine Probleme hat, weil er schon lange nicht mehr in der Unterführung ist. Wo Klonkilonk wohl ist und ob er die Bilder sieht? Seine Unterführung ist im Moment eine Unterspülung. Sie ist klein und kurz, eine Fussgängerunterführung, und ich weiss, wie viele Unterführungen es eigentlich gibt und dass es in manchen Städten, vor allem mit Untergrundbahnen, nochmals ganze Städte unter der Erde gibt. Von all diesen Unterführungen ist aber die von uns im Fernsehen, und das heisst, der neue Fluss, den es seit kurzem gibt, der, ich bin fast sicher, auf der Wasseroberfläche einen Streifen hat – das sind die alten Buchennüsschen von unserem Baum, die weggeschwemmt wurden –, fliesst auch bei der Schule vorbei. Es heisst, meine alte Schule liege jetzt am Wasser. Die Schule ist von unserem Fenster aus verdeckt, aber den See sehen wir besser, weil er höher ist, und er tönt ein wenig wie eine Toilettenspülung oder ein Abfluss, und manchmal wirkt es, als würde er spucken. In echt, nicht im Fernseher, der tost, aber das ist nicht wegen den Bildern, sondern weil das Signal nicht perfekt ist. Die Bilder sind vielleicht eine Minute von unserem Dorf und dann gehen sie weiter dahin, wo andere Seen sind im Land, aber unserer kam zuerst, weil er der grösste ist.

Auf der ganzen Welt, sagt Papi, zeigen sie unseren Ort. Mami ruft immer an. Papi nimmt erst beim dritten Mal, ungefähr, ab und sagt, alles sei gut und wir hätten es hier gemütlich und warteten, und nein, du sollst ihn nicht abholen, das geht ja gar nicht, das ist lächerlich. Jona ist hier sicher. Ich merke, wie er wacher ist als sonst, wenn ich da bin.

Wir machen auch mal den Ton aus und lauschen dem See, dazwischen kommen Heliktopter, Sirenen und Menschen.

Ich frage mich, wie es Petrit geht. Ich schicke ihm eine SMS. Es ist klar, dass es uns unter dem Dachboden nie erfasst, noch nicht mal das Haus oder die Strasse, die unten dran und schon viel weiter unten ist. Wir gehen einmal zur Einfahrt und schauen, aber sehen nichts. Trotzdem packt Papa zur Sicherheit in der Garage ein, was ihm wichtig ist, wie Ordner und das Teure vom Werkzeug. Das bringt er hoch. Dann fragt er, ob ich anpacken kann, aber der Schrank ist zu schwer für uns, selbst, nachdem wir ihn ausgeräumt haben. Ich glaube, jetzt versteht er, was es für ihn bedeutet, wenn das Tiefwasser rumort, denn der Schrank hat sein Urgrossvater zurückgelassen, als er nach Amerika abgehauen ist. Handkehrum hat ihn Papi nie geschliffen oder gut gepflegt. Als wir oben sind, schleift er seine Messer, und ich habe im Gefühl, ihm tut das gut, er wird ruhiger deswegen.

Ich werde wach, als das Wasser an der Strasse ist. Er schnarcht. Und ich weiss nicht, ob ich ihn wecken soll. Er sieht komisch aus mit den dichten schwarzen Haaren überall, sogar auf den Schultern sind einzelne, und was man vom Rücken sieht, ist wie ein Tier. Nicht alle Haare sind so lang wie bei mir auf dem Kopf. Auch dieses weisse Unterhemd, das kenne ich ausser von ihm nur aus Filmen. Wie verdreht er schläft, wie laut er ist, so laut, es ist, wie wenn eine Katze schnurrt, aber die Katze ist halt gross wie ein Bär. Ich wecke ihn, weil es besser ist, wenn er es gesehen hat, um danach sicher zu sein. Und weil ich, solange er so tönt, sowieso nicht mehr einschlafen kann. Es ist nicht einfach.

Als er es gesehen hat, sagt er, wir müssen uns keine Sorgen machen, so ein Bächlein, das bildet sich manchmal auch bei Regen und das sei mehr ein Problem mit der Kanalisation als mit der Welt. Schon am nächsten Tag in den Nachrichten heisst es, der Grund der Überschwemmung sei, dass ein Tiefengewölbe eingebrochen sei. Das Wasser im ganzen Europa hat überreagiert, ausser dort, wo es früher vor allem Kiesgruben oder Löcher für Kohle gegeben hat, weil diese Seen sind ja nicht verbunden. In die Schule müssen wir mit einem Bus. Petrit sagt am Montag, er habe die Nachricht bekommen. Er ist wieder sehr still am Montag, fast wie, als wir uns kennen gelernt haben. Ich habe das Bahnhofsgebäude gesehen. Sie mussten woanders schlafen, und die Bücher seiner Mutter gab es nur einmal. Sie waren einmal. Aber vom Geld her hilft ihnen eine Versicherung und bald fährt wieder der Zug uns in die Schule.

Langsam macht das Internet daheim auch Videos mit, und ich warte nicht mehr ewig, bis die Webseiten geladen sind, die klarmachen, wie und was es jetzt zu tun gibt. Es gibt diese Einbrüche und Widerstand dagegen aus ökologischen Gründen. Ich wünsche mir von Mutter zum Geburtstag, dass sie an eine Gruppe spendet, die versucht, die Ostsee abzudichten. Sie schaffen ein Netz, ein kompostierbares, das jeder Transporter durchdringen kann, aber ihn auch registriert und auf einer Karte verzeichnet, um einen Überblick zu gewinnen, wo welches Unternehmen in die Tiefe getaucht ist. Damit sollen vor allem auch die illegalen Fahrten, Entsorgungen, Diamantabbau in den Griff bekommen werden.

Roman blafft, einen Teller mit verschiedenem Käse vor sich, was denn mit den Tieren sei, die im Netz hängen bleiben, haben die Fische dann Zeit, bis sich die Struktur zersetzt hat? Ich kenne diese Sprüche, sie überzeugen mich nicht, Roman will sich auch gar nicht überzeugen lassen, er meint einfach, er weiss es besser, und zwar genau so, dass er sich nicht bewegen muss. Zufall? Die Maschen sind zu breit, noch breiter als Romans Oberarme, aber das sage ich ihm nicht, doch er ist noch immer hier und schaut Mami mit einem Blick an, der sagt, warum ist dein Kind schon wieder so komisch. Weil es so eine Sache ist, wünsche ich mir stattdessen Gutscheine für Videospiele, die ich dann etwas billiger verkaufe, einen kleinen Teil des Geldes gebe ich für Bier aus und damit es mir eine Sechzehnjährige im Laden kaufen geht. Für nach der Schule. Damit ich nicht mehr so viel spüre. Den Rest spende ich an das Projekt mit den Blockadekähnen in der Ostsee. Ja, sie haben kein Qualitätslabel, es gibt keinen Beweis, sie können nicht sicher sein, dass kein Tier leidet, doch es ist halt so. Sie probieren wirklich etwas. Sie proben dort, im Landsorttief die Rettung der Menschheit. Und mein Geburtstagsgeschenk ist als Teil davon unterwegs.

Ich bin noch wach und ich sehe es vor mir, wir sind die nächste Generation. Wir sind die, die verstanden haben werden. Es zieht uns runter.

Ein Strudel zieht uns runter, wir brauchen nichts mehr, wir brauchen keine Motoren, wir brauchen keine Radarkarten, wir gehen und drehen.

Luftblasen begleiten uns, sie perlen an unseren Körpern ab, sie kitzeln uns, als wären unsere Körper ein Mundraum voller Mineralwasser.

Wir kommen vorbei an Fischschwärmen, die silbrig schimmern, noch von der Sonne, es wird kälter, aber das tut uns nichts. Genauso wenig, wie die Fische mit den schiefen Zähnen, die aus den Gängen schauen.

Das Licht von oben gibt es nicht mal mehr als Ahnung, als wir ins Terraskelett sinken. Das Kräuseln der Blasen sorgt bei mir für Euphorie, ein Kribbeln, das auch Sicherheit bietet. Wenn ich zu den anderen schaue, glaube ich bei ihnen ist es ebenso. Wir sind auf der grössten Reise. Wir sind unterwegs. Wir sind Petrit, das sind Annina, das sind Derya und Leon, und ich sehe auch Schorsch, aber das ist mehr.

Wie ein Witz.

Bin ich ein Baby? Ich bin wieder wach.

Dann klopft Mami. Sie hat geweint, doch jetzt nicht mehr. Sie sagt, sie habe auf meinem Konto gesehen, dass ich gespendet habe. Dass das schön sei und dass ich Roman nicht mögen müsse, aber sie halt schon. Du siehst ihn auch nur, wenn es einen Konflikt gibt. Wie er für mich da ist, merkst du gar nicht, Jona. Ich weiss, er ist nicht perfekt. Ich denke mir, er ist jetzt halt schon lange immer da, sieben Jahre. Wenn ich vor sieben Jahren erst geboren wäre, könnte ich jetzt schon wieder erzählen und auch lesen, mindestens meinen Namen. Für mich wünsche ich Mami etwas anderes, doch was ich sage ist, dass ich mich freue, wenn sie ihn gern bei sich und im Leben hat. Ich wünsche dir nur das Beste. Sie sagt, danke, das ist viel für mich.

Heute, hier, jetzt

Heute, hier, jetzt ist dir das alles egal. Das Funkeln der Tiefe, die Agenda der nächsten Woche. Dein Hormonspiegel ist unten. Der gemeinsame Kühlschrank gehört dir allein. Es gibt viel Zeit, die mit dir allein herumsteht. Es gibt nur wenig, wovon du zehren kannst. Zum Beispiel vom Wandern. Vom Wandern über Gratstrecken, deine liebsten Urzeitmuseen, du siehst die Schichten, kennst ihre Namen nicht, aber siehst, wie sie sich winden, wie sie sich abgrenzen und doch zusammen sind. Die Welt ist keine Scheibe, sie ist auch nicht hohl. Das Funkeln gibt es, überall, wenn es nicht in der Tiefe liegt. Es muss noch nicht mal die Natur sein.

Der Laptop wärmt die Tastatur, wärmt deine Hände.

Dein höchstes Glück heute war, dass du erkannt hast, dass ein Burning Hell-Song von 2022 eine Referenz zu Waterworld, dem Kevin Costner-Film von 1995, zieht: This is what the mariner meant, when he said dryland is a myth.

Was Menschen erreichen können, wenn sie zusammenarbeiten.

Wie Menschen zusammenwirken, wenn sie zusammen sind.

Der bekannteste The Burning Hell-Song ist ein Liebeslied. Es erzählt die Wahrheit über zwei Bandmitglieder. Du warst mal an einem Konzert, sie spielten es als letztes, bewusst, weil sie wussten, dass alle mitsingen würden. Im Publikum waren fast nur Pärchen.

Du schreibst allein.

Muss man halt.

Schreiben bedeutet allein sein, anders geht es nicht, sicher nicht für diese Geschichte.

In langen Texten wird die Welt schnell zu gross. Wie soll man sie mit anderen teilen, solange noch alles möglich ist? Wie können sie gemeinsam werden, bevor sie gedruckt sind?

Besser drauf anstossen, am Mittelmeer, wo es vegane Paella gibt. Marseille irgendwann, wenn alles ruhig ist. Bist du mit anderen Menschen, zieht es dich zu ihnen, ein Austausch, ein Druck, der zerquetscht, was ohne andere besser auszumalen wäre. Wenn du mit anderen bist, bist du ganz bei ihnen. Oft auch ganz bei dir. Die Welt sackt nicht zusammen. Selbst, wenn ihr Ende für Menschen mehr als ein Witz sein kann. Selbst, wenn Witze über den Weltuntergang uns im Alltag halten.

Es ist wichtig, an der Welt festzuhalten, es ist wichtig, daran festzuhalten. Sie schafft Boden. Sie ist Boden unter den Füssen, wahrscheinlich für unsere Lebenszeit. Wie viel mehr konnte denn je jemand erwarten? Wenn man ehrlich ist.

Auf dem Weg
zum Ende

Die pubertierende Schlagfresse zeigt mir einige
Finger, ich kenne die Geste nicht, gehe bei Pau-
senplatzbeleidigungen nicht mit der Zeit. Dieses
Kind ist ausser mir als einziges noch wach, wahrscheinlich habe ich eine gewisse Resistenz durch die
Medikamente, und das Kind zu viele Hormone,
dass die Benzos ihre Wirkung nicht entfalten. Es
ist zu alt, als dass er es mögen könnte, wenn ein
Fremder ihn anschaut. Verwöhnter Balg, wer sollte
sich wundern, Reisen wie diese, sie kosten so viel
wie die meisten, sogar in einem reichen Land, in
einem halben Jahr verdienen, sie bewerben sich
mit ihrem Diamantantrieb, damit, dass sie den
Diamantstaub aus den Meeren filtrieren und verbrennen, doch wissen wir alle längst, wie das funktioniert: Angebote wie diese Reise verschlimmern
das Problem, den Abbau, die Verschmutzung, was

sie anbieten, ist, dass sie das Innerste zerstören. Die Angabe mit den Cracks pro Minute ist eine Hochrechnung, keine Person zählt sie global, natürlich sind die Leute, die diese Angaben aufbereiten, auch mal tief gereist. Ja, sie haben den Kern gesehen, ja, sie haben dabei etwas gefühlt, etwas, das vielleicht gar nicht so anders ist, als es die Passagiere bald empfinden, es ist der Welt zu wünschen, jedenfalls, dass die Schlagfresse, die sich vielleicht von nichts beeindrucken lässt, vielleicht dazu erzogen, verzogen, worden ist, unbeeindruckt zu sein, dass dieser Schlagfresse vielleicht, vielleicht vielleicht, wenn wir da sind, wenn wir es sehen, das Weltwunder: dass der Schlagfresse einen Moment lang der Atem stockt. Sie erkennt, dass das, was sie sieht, grösser ist als sie, dass es mehr Wert hat, dass es weder käuflich noch kontrollierbar ist. Eine Schlagfresse auf 99, die es mehr verdient hätten, ein Mensch von 99. Auch bei uns in der Bewegung gab es solche, die das Wunder gesehen hatten als Tourist:innen, Teil des einen Prozents, und sie wechselten die Seite. So oder so, egal, was er alles besitzt – und selbst hatte ich ja auch immer genug und alle Videospiele als Kind – an Kindern widert mich an, wie sie sich nur für sich interessieren. Sein Leben wird schwerer, als es meines war, seine Eltern sind die, die, wenn schon, Schläge in die Fresse bekommen sollen, wie verantwortungslos sie Kinder in diese Welt setzten. Reichtum ist kein Grund mehr. Das Kind ist nun auch in den Schlauch gelehnt. Ich bin der letzte Wache, ich will keine Ewigkeiten verschlafen, so viel wach sein, wie es geht. Ganz ausschliessen kann ich es aber nicht, dass ich selbst Kinder habe. Ich schüttle den Gedanken ab. Das Leben ist lang, aber eigentlich habe ich immer aufgepasst. Emily hat heute vier Kinder etwa, vielleicht sind es auch nur drei, ich weiss es nicht, schon lang hab ich nicht mehr mit ihr gesprochen, seit sie behauptet hat, dass ich besessen sei, ein Narzisst. Obwohl sie weiss, was passieren wird. Sie hat den Beruf und die Sache vereint, ist verantwortlich für diese Guerilla-marketingkampagnen, denen es gelingt, sogar mir immer den Puls hochzujagen. Das letzte Mal, wo ich eine ihrer Aktionen gesehen hab, projizierten sie Schneckenfische an den Himmel. Das Bild war klar und überdeckte die Sterne in vielen Städten gleichzeitig. 20 Schneckenfische, vor denen ja sowieso viele Menschen Angst haben, die irgendwo in den höheren Gängen des Terraskeletts unter einem Felsen eingeklemmt sind, wie zerquetscht werden, aber dem Druck noch standhalten, und es ist so gefilmt, dass die Augen des vordersten zu Menschenaugen werden, je länger das Leiden andauert. Ich habe nichts gegen Schneckenfische, aber wie der Fels presst und die Organe unter der halbtransparenten Haut durchdringen und pulsieren – das bereitete mir schon Bauchweh. Wenn es nicht um die Sache gegangen wäre, hätte ich weggeschaut.

Der Spot endet, als Magma von hinten kommt und nur noch Dampf und dann nur noch Schwarz ist, bis wieder der normale Sternenhimmel erscheint. Emily war sogar da, sie hat den Kern gesehen, bei der Expedition, für ihr Doktorat. Am Ende bringt es ihr trotzdem nichts.

Ich bin nie in die Untersee und in die Tiefe gereist. So oft habe ich mir ausgemalt, wie es sein würde, die Tiefe zu sehen, wäre ich 15 oder auch nur fünf Jahre älter, hätte das alles anders ausgesehen. Ich wäre Wissenschaftler geworden, so hätte ich es mir leisten können. Oder ich wäre weniger weit gereist, hätte zu jenen gehört, die die Zugänge blockieren. Vier Mal, fünf Mal waren die Gruppen erfolgreich, eine lächerliche Zahl. Im Wissen, dass es gefährlich ist, dass wir nicht wissen, was es für den See heisst, wenn er abgeschnitten wird. Manche machten Fehler, hunderte Leute blockierten mal den Grossen Goitzschesee, weil sie zu blöd waren, um zu wissen, dass es sich dabei bloss um eine Mulde handelt, die vom Braunkohleabbau übriggeblieben war. Die Bewegungen hatten daraus gelernt. Bald wurde nur noch dort protestiert, wo eine Minenfirma mit einer grossen Flotte präsent war, in abgeschlossenen Gewässern. In wenigen Seen gibt es Tiefenverzicht. Es sind so wenige, dass man es auch lassen könnte. Eigentlich. Doch dem Einknicken zuzusehen, ist noch immer was anderes, als es zu beschleunigen.

Vor 40 Jahren habe ich nicht geglaubt, dass es noch lange gutgeht, bei der Wilderei, vor 30 nicht, nicht vor 20, vor 10, vor 2. Ich gebe zu, ich habe es früher erwartet. Nun, ohne Grund, Krebs. Jetzt gehe ich einfach, so wie es fast alle Menschen getan haben, allein, privat, eine Tragödie. Die Zeit, in der man Tabaktote politisch verstand, sind lange vorbei, endeten vielleicht vor meiner Geburt. So sehr es Menschen sind, die Tabak konzentrieren, anreichern, verkaufen, Menschen, die sich in Konzernen verstecken, so sehr sind es Pflanzen, die Nikotin eingesetzt hatten, um Insekten abhängig zu machen. Wie viel die Tabakpflanze der Menschheit verdankt, denke ich, während wir weiter sinken. Jetzt werde ich sie also wirklich sehen, nicht als Teil der Lösung, sondern als Tourist, für das Ersparte eines Lebens oder die Spenden von so vielen, die mich unterstützten, das, was ich der Wasserwelt ersparen wollte.

Wenn sich meine Eltern oder wenigstens Annina nicht so gefreut hätten. Wenn das Geschenk nicht bekannt gewesen wäre, bevor ich ansprechbar war und das hätte verhindern können: Ich hätte abgelehnt. Doch als Annina mir, während des Aufwachens, das Ticket für die tiefe Reise übergab und alles erklärte, dass Petrit sie kontaktiert habe und er es wolle, und ich es mir gönnen solle, habe ich nicht Nein sagen können, zu nah ist sie mir. Meine Schwester hat mich immer begleitet und bewahrt. Sie hat gesagt, die Schönheit wird dich umwerfen. Und was dann ist, passiert ja so oder so. Ich zweifle noch immer, ob es tatsächlich so schön ist, ob man, wenn man nicht komplett mit Scheuklappen ist, so wie ich, den Dreck sieht, erkennt, wie die tiefen Wesen im Dreck, Dreck, der seit 150 Jahren absinkt, Plastiksäcke, Netze, aber auch mikroskopisch kleine Stücke, die niemand erkennen kann, wie sie im Dreck mutieren, wie wenige Arten dominieren. Spüre ich am Ende den Schock oder die Schönheit oder beides?

Sie kennt mich gut, ich habe nicht Nein sagen können. Dass Annina und Petrit den Platz neben mir auf der Reise auslosten, das war wohl irgendein zynischer Witz aus Petrits Unternehmerhirn. Das hat Annina auch gemeint, als wir danach zu zweit gewesen sind, wenn der Firmenboss will, kann der doch drei Plätze freiräumen, wenn er das nicht will, kann er das einfach sagen. Aber Annina hat gesagt, vielleicht hättest du dann doch noch abgelehnt. Der Faktor Glück macht vielleicht schon einen Unterschied, psychologisch. Und gleichzeitig hat Annina auch gesagt, ich solle mich nicht so überhöhen, von wegen Unternehmerhirn, so viel besser sei ich auch nicht. Als sie das gesagt hat, bekam ich einen Anruf vom Büro, weil wir ein Problem haben, zu wenig Fahrerinnen und Fahrer eingeteilt, niemand kümmert sich richtig um den Dienstplan, wenn ich nicht da bin. Nachher musste sie schon gehen. Ich lag da und wach und zwei Mal kam eine Person vom Pflegepersonal, fast gerannt, so hoch ist mein Puls gewesen.

Ich gucke zu Petrit. Er ist sehr ordentlich, auch im Schlaf, akkurat gestuzer Henri Quatre-Bart, der Pullunder schwarz, darunter anthrazitfarbenes T-Shirt, Anzugshose, volle Lippen, die hatte er schon in der Schule, sogar deswegen haben sie ihn gemobbt, diese Schlagfressen. Jahrzehnte hatten wir uns nicht mehr gesehen, mein Leben bewegte sich seitwärts und seines nach oben. Warum will er nun mit mir hier sein? Für Propaganda bin ich nicht wichtig genug. Ja, ich habe mal an ein paar Demonstrationen gesprochen, im Bewegungssommer, und seither werde ich immer wieder zu Podien eingeladen. Aber das ist fast alles lange her, das Einzige, das ich mir davon bewahrt habe, ist, die

Nachrichten und Veröffentlichungen zu verfolgen. Damit ich nichts Falsches oder Veraltetes sage, wenn mich jemand was fragt. Ich bin unwichtig, er kann mich nicht ins Schaufenster stellen, für meine Heuchelei als Aktivist. Das würde nicht mal funktionieren, wenn ich bekannt wäre. Tödliche Krankheiten lassen die Leute alles verzeihen. Sogar ich habe mir verziehen, dass ich mein Leben damit verbrachte, einen Velokurier aufzubauen, Liebschaften zu überhöhen, um sie nach der Begeisterung kleinzureden und für das, was wichtig war, insgesamt, für alle, kaum was getan habe.

Einmal bin ich sicher, dass ich das Reflektieren der Diamantwand erkenne, manchmal glaube ich, ein Licht zu sehen, vielleicht von einem verirrten Bohrer in einer abzweigenden Grotte des Terraskeletts, sonst ist es dunkel.

Irgendwann werden wir so tief sein, dass das Terraskelett nirgends mehr von getrocknetem Magma ummantelt ist.

Da sein, wo die Wände glitzern und alles Leben leuchtet.

Machen Sie sich bereit. Was Sie gleich sehen werden, wird Ihnen während Ihrem ganzen restlichen Leben in Erinnerung bleiben. Ich schrecke hoch. Bin doch eingeschlafen, die Sinkfahrt verläuft halt so gleichmässig.

Das Jahr 11,
in dem ich es weiss

Dieses Jahr begann am sechsten Januar, als ich mit Annina ein Bier getrunken habe. Es war zur Feier dafür, wie sich ihr Leben jetzt ändert. Sie hat nun eine Stelle. Und überlegt sich, also sie überlegt es sich nicht nur für sich, sondern redet auch darüber, mit mir beim Bier, ob sie denn noch mit den anderen zusammenleben möchte. Immer koste es so viel Energie, Füsse stinken, Geschirr bleibt im Ausguss stehen, und die, die das gerade haben, hört sie beim Sex, es ist das erste Mal, dass meine Schwester mit mir über das Thema spricht, ich sehe an ihrem Gesichtsausdruck, dass sie sich das auch überlegt, nachdem sie es gesagt hat. Aber das Gute an ihr, mit ihr, als Schwester ist, dass wir eben über alles sprechen können, und ich mache auch, dass es kein komischer Moment wird, aber möchte schon über etwas anderes reden, weil sonst kommt sie noch auf die Idee, mir Fragen dazu zu stellen. Also frage ich, was sie denn für eine Idee von Zusammenleben habe, wie sie es sich denn vorstelle, ob sie einmal eine Familie möchte. Alles zusammen, bevor sie zum Antworten kommt. Sie sagt, bevor ich solche Sachen entscheide, möchte ich das Gefühl haben, erwachsen zu sein und erst mal wissen, wie sich das überhaupt auf die Länge anfühlt. Es ist unfassbar lang, Jona, stell dir vor, wie lang bis zur Pensionierung. Wenn nichts passiert, natürlich nur. Wir haben einen guten Abend, an dessen Ende wir uns ausmalen, wie sie in Kopenhagen oder Stockholm lebt, in einem Hochhaus hoch oben, in einer Wohnung mit Glasfront auf drei Seiten. Ich frage nach, aus Interesse, aber auch, um mich von den Bildern zu lösen, die das eine Thema bei mir aus dem Internet ausgelöst hat. Das ist teilweise wie ein Gewitter, und ich weiss nicht, ob das gut für mich ist. Aber ich bin trotzdem im Internet, so wie ich in die Bildschirme hineingewachsen bin. Ich weiss auch, dass das nicht allein meine Schuld ist, sondern dass es angeboten wird.

Ich habe es mir sehr oft angeschaut, ich wünschte, ich könnte es rückgängig machen. Die Bilder werden immer und immer wieder wiederholt, es sind nur acht, neun Sekunden, im Februar, im März sind die Bilder überall, grobkörnig, dann mit einem Wechsel zur Wärmebildkamera. Es sind die Bilder aus dem Cockpit eines industriellen Transportschiffs, das in einen See abgetaucht ist, um Ladungen aus dem Kern aufzunehmen. Die Kamera zeigt, wie das eine Schiff das andere rammt, wie schnell das Cockpit birst, in rotgelber, dann violettblauer Farbe, wie die Körper an die Rückwand gepresst werden und abdunkeln, wie wenig die Wärmebildkamera noch zeigen kann.

Das Transportschiff, das für solche Tiefen gemacht ist, kommt wieder hoch, da wo es gestartet ist, die Kapsel der Aktivist:innen treibt wie Weltraumschrott durch die verästelten Gänge. Drei von ihnen waren noch nicht erwachsen. Die, die noch was spüren auf der Welt, zittern, bis die Fahrerin gerettet ist, neun Tage lang. Bis vom See wieder die Tiefe befahren und erreicht werden kann, dauert es länger. Es ist nur ein kleines Ereignis, eines von vielen, aber mir hat es, mehr als jedes davor, klargemacht, dass es nicht um das Wie geht, dass die einzige Art, die Tiefe, ihre Vielfalt und damit aber auch den ganzen Planeten zu retten, darin liegt, dass wir Menschen uns fernhalten. Denn wir schaffen es einfach nicht. Die Fahrerin des Transportboots meint es nicht böse, die Aktivist:innen meinen es nicht böse, vielleicht meint es noch nicht mal die Firma böse. Doch sie sind eingepackt in ein System und gesegnet mit Mängeln, dass wir es zu unserem eigenen Wohl schlicht nicht erlauben können, da zu sein. Es sind nun schon 3560 Cracks pro Minute. Bei meiner Geburt war es einer. Bevor ich das Video geschaut habe, hatte ich Liebeskummer, immerhin für mich was Gutes, danke Katastrophe.

Der Transporter hat die toten Aktivist:innen noch immer vor sich hergeschoben, als sich bereits die Firma und die Organisation hinter der Aktion geäussert haben. Die Fahrerin musste den Anblick der Toten bis zu ihrer Bergung aushalten, Schlafmittel hatte sie keine dabei.

Mir kommt es vor, als hätte ich die Toten gekannt, aber das ist vielleicht mein Problem. Ich mache die Fahrt mit, stelle mir vor, wie sie aufgeputscht vom Wissen, dass es riskant ist, aber doch auch in der Freude, was tun zu können, losgefahren sind. Ich stelle mir vor, wie sie vor einem Plan standen, eine Wasserkarte vielleicht, ein Tiefenlängsschnitt oder auch Baupläne vom Transportschiff. Wie sie die Risiken durchgegangen sind und sich an den Händen genommen haben. Die Welt ändern. Das ist ihnen irgendwie auch gelungen. Es gibt wenig Häme, zwar Reden von Verantwortungslosigkeit, aber sogar der Firma entweicht Beileid. Ungewohnt, wie ich finde.

Bald erscheinen Artikel, bald Bücher darüber, welche Schäden das treibende Schiff am tiefen Skelett verursacht hat. Ich kaufe mir eines der Bücher, ich lese es, immer im Gefühl, dass es gestreute, dass es gezielte Information ist, also nicht konstant, aber er kommt immer wieder hoch, der Zweifel daran, wie das erzählt und erklärt wird. Bald erscheinen Artikel, bald Bücher darüber, weshalb es weitergehen muss, weshalb der Kampf der Zivilgesellschaft in der Tiefe jetzt erst einsetzt. Annina schenkt mir eines, es ist nicht schlecht und wirft in einem Kapitel die Frage auf, ob Menschen überhaupt in die Tiefe dringen sollten. Doch es kommt zu einem anderen Schluss als ich.

Überall, wo Menschen sind, machen sie Dinge kaputt, nicht alle, nicht alle und nicht immer, vielleicht noch nicht mal die Mehrheit, aber es geht immer genug kaputt, dass es für alle schlimmer wird. Kontrolle gibt es nicht. Jede Bewegung ist eine zu viel, wenn sie von einem Roboterarm ausgeführt wird. Auch die Blockadeboote der Aktivist:innen verschmutzen die Tiefe, verschrecken Fische, laufen mit Treibstoff, zwar nur Erdöl und kein Diamantstaub, aber es entweicht Erdöl ins Wasser, und das Erdöl fragt nicht, was die, die es verschulden, damit wollen. Es passiert halt, es ist etwas Unwiederbringliches. Ich denke intensiv darüber nach, kann kaum was anderes in den Blick nehmen. Das Nachdenken klatscht auf das, was ich als sicher nahm. Die Gischt verdeckt die Sicht.

Als die anderen das Ende der Schule feiern und dabei Vorsätze fassen, wie aufhören zu rauchen, oder sich einfach nur betrinken, fühle ich mich, als hätte ich Salzwasser durch die Nase, die Nebenhöhlen, in alle Gänge meines Körpers gespült. Ich spüre für mich, dass es in Ordnung ist, das tiefe Leben nie zu sehen, das mache ich mit mir selbst aus, ich spreche es nicht aus. Nach einer halben Stunde gehe ich im Prosecco auf und muss mich zur Ausgelassenheit nicht mehr zwingen. Als ich am nächsten Tag aufwache, ruckhaft, sehr früh, wie es oft vorkommt nach zu viel Alkohol, denke ich gar nicht dran. Erst beim Spaziergang mit Mutter und ihrem neuen Hund erinnere ich mich, wie ich gestern mein Leben umgelenkt habe, nachdem ich es mir so oft ausgemalt hatte. Ein Kitzeln fährt mir über den Rücken, Mutter sage ich nichts, es geht vorerst ohnehin weiter wie geplant, und wie ich will: In ein paar Monaten beginne ich mein Studium der Tiefbiologie, dafür muss ich nicht tauchen, Wissen ist wichtiger als Erleben. Mutter wirkt in den letzten Jahren ohnehin immer so besorgt, dass es ihr nicht auffällt, wenn ich einen emotionalen Schock durchmache. Als wir wieder beim Auto sind, und ich auf dem Beifahrersitz hocke, während sie Basko in den Kofferraum hilft, fühlt es sich auch nicht mehr wie ein Verlust an.

Den Hund hat sie sich vor ein paar Wochen zugetan, ein Dobermann mit Hüftproblemen, noch viel zu jung dafür, und ich finde das gut, weil es ist ein Wesen, das immer bei ihr bleibt, wenn sie Roman auch mal los wird. Vielleicht ist das einfacher, wenn sie danach nicht ganz allein wohnt. Ich sehne mich danach, ein Hund zu sein, zufrieden, wenn man dabei sein darf, ohne mehr Erwartungen, ohne Wissen um die Welt. Ich fühle mich beinahe erhaben, bis ich mir selbst lächerlich vorkomme, und dann hat Mutter auch schon das Steuer in den Händen und fragt, ob wir noch in der Pizzeria Roswitha essen gehen wollen, zur Feier des Tages. Ich sage, ja, weil ich im Moment überall mit ihr lieber bin als zuhause. Froh, wenn es vorbei ist. Wenn ich endlich ausziehen kann, vielleicht wird mein Innenleben dann so ruhig, wie ich immer wollte.

Annina zieht schon bald, vier Monate – so schnell, wie es vom Vertrag her möglich gewesen ist – nach unserem Bierabend ins Zentrum ihrer Studierstadt, die nun zu ihrer Arbeitsstadt wird, vielleicht ihrer Lebensstadt, wenn Stockholm nicht passiert. Sie ist froh, vor allem mit Leon hat sich Annina etwas verstritten. Derya und Leon gehen auch, sie sind in Auflösung. Annina erzählt es in einem Schwall: Im Moment bin ich einfach froh, wenn ich weg bin, also, wenn er weg ist, wenn ich weiss, das ist meine Küche und er mir darin nicht begegnen kann. Ich halte es nicht mehr aus, er hilft nie mit, ist immer spontan hier und dann wieder zwei Wochen weg, hört nie zu, aber fordert, wenn er da ist immer absolute emotionale Verfügbarkeit, erzählt uns davon, über seine Angst, dass er mit seinem Schmuck nie Geld verdient und über irgendwelches Hickhack zwischen denen, die Kunst und denen, die Design studieren. Alles Sachen, auf die ich mich gern einlassen würde, hätten wir wirklich eine Freundschaft. Aber man fühlt sich dann so wie ein Kompost, auf dem er einfach ablädt und dann schwirrt er wieder davon.

Wir müssen schnell sein, weil der Bus nur zu ihrer neuen Wohnung fahren darf, bis der Bagelimbiss auf dem Vorplatz raustischt. Ich helfe Annina beim Umzug, die Schränke und der Tisch, die Matratze sehen schlimm aus, aber wir machen uns ran, es geht. Wirklich in die Arme gehen die vielen Kartons mit den Büchern, sie entschuldigt sich bei mir, selbst genauso beladen, auf dem ganzen Weg dafür, dass sie halt einfach gefüllt und gefüllt habe, und dass alles nicht so durchgeplant war. Ich dachte, wir seien mehr als zu zweit. Ist doch ok, ich profitiere davon, dass du ausziehst, Lieblingsschwester, so ist das nämlich und solange wir wissen, wie es um die Welt steht, setzen wir unsere Energie eher dafür ein. Wir können uns nicht für Alltagsblödsinn aufreiben. Jona, du bist ein Guter.

Sie hat übertrieben, denn so schlecht ist sie gar nicht organisiert, immerhin hat sie eben einen Bus ausgeliehen, und im neuen Ort gibt es zum Glück einen Lift. Als wir Bagels essen, ist sowieso alles gut. Sie sagt, das könne sie jetzt jeden Tag. Sie freut sich darauf zu entdecken, wie sich alles anders anfühlt. Umziehen ist, wie wenn sich der Mittelpunkt, um den sich die ganz eigene private Welt dreht, verschiebt, findet sie. Ich finde auch und stelle mir gleich vor, wie die Welt freidreht, sobald sie nach Stockholm geht. Ich sage das auch, und, hui, meint sie, das ist ja wie ein Dreidel.

Sie fragt dann, ob es etwas gebe, dass sie mir schenken könne, zum Dank.

Ich frage, ob sie spinne. Weisst du, wie krass es ist, dass ich nun diese Wohnung habe? Ich hab mega aus eigenem Interesse geschleppt heute. Im Moment will ich nichts lieber als eine Höhle, in die niemand reinkommt, auch meine Familie nicht, ausser du natürlich.

Ich gehe wieder öfter an der See. Jetzt, wo das Leben hier absehbar ist. Zum Ufer hin vor allem, es wachsen viele Wasserpflanzen, mehr als früher, habe ich das Gefühl. Die Veränderung in der Natur scheint spürbar, obwohl man aufpassen muss, das Kleine nicht mit dem Grossen zu verwechseln. Ich halte einen Stecken hinein und ziehe mit ihm eine Acht und dabei zieht sich alles zusammen, die Pflanzen werden dicht. Manchmal gibt eine nach, wenn ein Stängel reisst, macht das keinen Unterschied. Das Gestrüpp ist so dicht, dass ein Vogel darauf laufen kann, vielleicht weil er so leicht ist, vielleicht weil seine Beine extra für auf dem Wasser gemacht sind und auf dem Gestrüpp. Ich schaue ihm zu, aber er schaut, wo sich Getiere versteckt halten, mitten dazwischen, und er pickt, und es wirkt, als wäre es egal wo, er wird überall fündig. Aber so einfach kann es nicht sein, nur weil ihm Würmer reichen. Dann sehe ich das Schiff und weiss, dass nach ihm Wellen kommen. Der Vogel lässt sich nicht schaukeln, fliegt auf, anstrengend ist es, Höhe zu gewinnen, aber dann sieht es leicht aus, über den Zaun und nach ausserhalb der Badi zu verschwinden.

Es gibt wogende Wellen in eine Richtung und zwischen ihnen, wenn ich genau hinschaue, immer auch tiefere entgegengesetzte. Sie bleiben auch, als das Schiff längst weit weg ist.

Die Seeoberfläche nimmt mit dem Wind eine Richtung an. Die Boxen am Ufer, der Bass, der Beat vom Bass, der überträgt sich ins Schimmern der Oberfläche. Das ist so, weil die Oberfläche, natürlich, die ganze Fläche bedeckt, die ganze Fläche spiegelt und sich das Gehirn aussuchen kann, welchen Reflexionswinkel es mit dem Beat verknüpft. Jedes Lied passt zu jedem Wetter. Die Spiegelung passt immer.

Ich gehe ins Wasser, weil ich nicht weiss, wann ich zurückkomme. Ich stelle mir unter Wasser vor, wie ich wo in neues eintauchen werde. Ich kenne das Wasser, die Schmutzpartikel, wie es sich um meine Augen anfühlt, weiss, wo Steine sind, wo Schlamm, wo Wald und Gestrüpp, aber ich stelle mir eine andere Wasserlandschaft vor, ich hole Luft. Und als ich wieder abtauche, versinke ich in schmalen Sicheln, unter Klippen. Ich hole Luft und tauche zu weissem Sand, zu Fischexkrementen. Ich hole Luft und tauche zwischen Mammutknochen. Ich hole Luft und tauche in breiten Becken, begradigt und in Sicherheit betoniert. Ich hole Luft und tauche ein in Lagunen, wo das Ufer mitsinkt.

Es sind die längsten Sommerferien, aber wir haben zuerst Wichtiges zu tun. Wir ziehen ein. Die Wohnung war leer und sauber. Sie riecht nach Zitrusputzmittel, nicht nach Kompost. Daran, dass hier mal ein Neufundländer gewohnt und alles versabbert hat, erinnert nichts mehr. Annina hilft nicht mit, weil wir ja genug sind. Wir, das sind Petrit, Mario, der bisher Petrits Freund ist, und ich, und wir alle können in die Wohnung von Annina. Die anderen müssen sich aber ein wenig an die Regeln halten, nicht wegen mir, sondern vor allem, weil es Annina wichtig ist, dass die Wohnung nicht runtergeranzt wird, es ist noch immer ihr Mietvertrag und ihr Depot. Als wir ausgepackt haben, sind wir übermütig. Wir bestellen Pizzas, aber neapolitanische, wie es sie neu gibt und man sie heute isst in der Stadt. Mario hat Bier gekauft, aber Petrit kifft nur, und als wir es öffnen wollen, merken wir, dass wir keinen Flaschenöffner haben, ich schaffe es dann, indem ich den Kopf der Flasche mehrmals an der Kante unserer neuen Kaffeekanne anschlage. Mami hat mir die geschenkt und auf eine Karte geschrieben, es ist ein neuer Anfang, alles Gute dafür. Als ich mein Bier offen habe, sehe ich wie Mario grinst, stolz, wie er es geschafft hat mit den Zähnen, was einfach nur dumm ist, also das sage ich nicht so, stattdessen, dass es schlecht für die Zähne sei. Petrit stimmt mir zu, das wirst du bereuen, du Neandertaler. Es ist noch sehr ungewohnt, aber es stimmt zusammen. Wir hören Musik, ich sage, ich bin froh, dass wir keinen Fernseher haben. Er sagt, es ist eine Chance für dich, mehr zu leben. Im Ozean gibt es tiefe Wellen, nicht?, fängt er dann an. Ja, ich glaube. Und die sind langsamer? Kann schon sein, sage ich, ich weiss nicht, ob es in jedem Fall so ist. Mir ist unangenehm, wohin er mit den Fragen lenkt. Seit ich dich kenne, ziehst du wie eine tiefe Welle durch ein Riesengebiet. Das Gewässer, in dem du dich bewegst, ist so universal, eigentlich die ganze Welt ... Petrit, du bist bekifft.

Und du betrunken. Hey, ich meine es ernst. Manchmal habe ich das Gefühl, du hast dich mit deiner Meerfantasie fürs Leben plombiert. Du musst etwas erleben. Menschen, Jona, dein Leben ist nicht nur eine grosse Bewegung, es gibt auch das Flimmern, das Schnelle an der Oberfläche. Da finden Begegnungen statt, lern mal jemanden kennen, Frau oder Mann, begib dich in Wellen, die im Alltag brechen.

Er redet noch weiter und hat sich komplett nicht im Griff, weil er sonst nicht viel kifft. Ich mag das Gespräch vor allem auch nicht, weil es vor Mario stattfindet, den ich zu wenig kenne. Darum beende ich den Abend für mich. Morgen ist Abfuhr. Ich bringe jetzt den Müll raus. Ist das genug Oberflächenflimmern für dich?

Während ich den Sack raustrage, aus dem es auch fruchtig gammelt, weil wir noch keine Mülltrennung machen, verfliegt mein Ärger. Damit also nichts in der Luft bleibt, gehe ich nochmals in die

Küche, bevor ich ins Bett gehe. Gute Nacht zusammen! Sowieso also, wir sind gerade hier eingezogen – und wenn etwas beginnen kann, dann wohl jetzt.

Da, da hast du recht, sagt Petrit und dann gehe ich in mein Zimmer. Als Erstes hänge ich ein Poster auf, The Wrong Amazon is Burning. Und als Zweites einen Siebdruck, Menschen machen alles kaputt. Dann noch das Bild von einem Gallenvortex, der wunderschön im Kernraum leuchtet.

Mein Zimmer riecht nach altem Haus, aber auf andere Art, als ich es kenne. Auf eine Art, an die ich mich gewöhnen werde. Ich grabe nach meinen Trainerhosen in der Tiefe der Bananenschachtel. Wie man packen müsste, damit das, was man zuerst braucht, zuoberst ist, erscheint mir wie Magie. Die Sachen stehen alle etwas komisch aufeinander, jetzt ist es ein Gedränge, aber auch ohne Kisten ist es noch vollgestellt. Wahrscheinlich habe ich zu viele Möbel mitgebracht. Das eine Möbel hat so niedrige Schubladen, die man ohnehin nur brauchen kann, wenn man Socken faltet oder zumindest separat versorgt. Und sie hat abgerundete Kanten, damit sich kein Baby verletzt. Wenn Kommode an Kommode kommt, fällt besonders auf, wie sie nicht zusammenpassen. Ich weiss schon, welche davon ich rausstelle. Das kann man hier. Die Sachen bekommen einen Zettel, und ohne Gewissen, weil man etwas weggeworfen hat, geht es über in die Wohnung von einer anderen Person. Die Kommode mit den abgerundeten Kanten gehört woandershin. Wo sich sonst Kinder an Augen verletzen könnten, wenn sie voreinander oder vor dem Familienhund wegrennen und nicht wissen, wie stoppen. Aber jetzt ist die Kommode noch bei mir, und die Stapel im Halbdunkeln sind in Ordnung und alles ist in der Luft, weil etwas beginnt. Ich gucke an die Decke, entdecke wie sie anders als perfekt ist.

Heute, hier, jetzt

Du bist, wie alle Menschen, aus dem Sandkasten hinter dem Mond hervorgekrochen. Du musstest das Sandkastenspiel beenden. Man verlangte von dir, zu gehen. Viele andere Dinge solltest du nach der Geburt lernen und dich entfernen.

Diese Geschichte hat das Kindsein zurückgeholt. Du hast sie in drei Wochen runtergeschrieben. Du hast sie lüften lassen. Du hast sie angeschaut. Immer wieder. Sie erschien dir nicht wie eine Textdatei, sondern wie ein Porträt, ein Fotoporträt. Die Geschichte gab sich als etwas Abgeschlossenes. So breit sie dir das Tor zum Kindsein öffnete, so wenig wollte sie sich entwickeln. Oft hast du sie gelesen und konntest kaum ein Wort verschieben. Dann fing sie wieder an zu drehen und alles, was sie zusammenhält, war wieder völlig losgelöst von der Erde.

Was du nun erkennst, mit Abstand, nachdem du Absatz um Absatz Kursives gelöscht hast, und das Kursive wieder gelöscht hast, dass du längst eine kursive

Collage aus Jahren, in denen die Tage, die heissesten waren, mit anderen, als die Musik am besten war, geschaffen hast, nachdem der Text abgesackt ist, nachdem er sich abgelagert hat, die tieferen Schichten eine Festigkeit gewonnen haben, während sich höhere Partikel wieder verzahnen können: Diese Geschichte hat deine Kindheit zurückgeholt.

Du kannst deine Kindheit spüren. Du kannst sie anschauen. Du kannst sie teilen, mit nahen Menschen. Die Zeit mit Käfern, die Zeit mit gestauten Bachläufen, die Stunden um Stunden, bis zu Tagen am Wasser, im Wasser. Sie sind zurück. Du warst dort, mit deiner Familie. Du erinnerst dich mit ihnen, nicht gegen sie.

Bis zu ihr hast du geschrieben, und die Jugend war dabei hinter dir her. Und dann auch noch in dieser Familie. Der erste Satz von Anna Karenina versprach, dass alle unglücklichen Familien auf ihre eigene Art unglücklich seien. Dabei haben alle die unglücklichen Familien eines gemeinsam: Sie geben ihrer Familie die Schuld.

Das tust du nicht mehr.

Das ändert nichts am Wasser der Zukunft, das ändert nichts an der Zukunft des Wassers. Mehr kannst du nicht sagen.

Nach dem Ende

Wie war es für dich?

Das ist, was er sagt. Es ist vielleicht eine Stunde her, seit das Wunder hinter uns ist.

Bis zu seiner Frage waren wir still, und dann setze ich ein, wie ein Anfang war es, sage ich, wie alles, was man zu glauben meint, was man zu wissen glaubt, plötzlich egal ist, während wir steigen. Um uns reden alle, niemand wollte nach diesem Erlebnis Benzos.

Auf dem Weg, auf dem wir hochfahren, erzähle ich ihm davon, wie sich alles entwickelt hat, mit Menschen und zwischen ihnen, seit wir uns aus den Augen verloren haben. Immer wieder unterbrochen, immer wieder unterbricht mich ein Eindruck aus dem Kern. Wie ich Hoffnung erlebt habe, wenn auch nur für mich oder zu zweit. Petrit sagt, der Ausblick kann uns den Moment nicht nehmen. Dass immer im Dazwischen lag, was wichtig ist, sagt er auch. Ich sehe plötzlich viel.

Der Autor

Benjamin von Wyl, geboren 1990 im Aargau, ist Journalist und Autor. 2017 erschien sein Debütroman »Land ganz nah« bei lectorbooks. Sein zweiter Roman »Hyäne – eine Erlösungsfantasie« (lectorbooks, 2020) wurde 2021 mit dem Schweizer Literaturpreis ausgezeichnet. In seinem dritten Roman »In einer einzigen Welt« (lectorbooks, 2022) erzählt ein Pilz.

Als Journalist arbeitet er bei »SWI Swissinfo.ch«, wo er das Demokratie-Ressort koordiniert. Zudem befasst er sich in der Kolumne »Boys should cry« für das »041 Kulturmagazin« mit Männlichkeit. Von Wyl ist lebenslänglich Aargauer und lebt in Basel.

Anmerkungen

(Seite 8) Big in Japan – Alphaville, 1984

(Seite 117) Speechlessness – The Burning Hell, 2022

(Seite 165) Major Tom - Peter Schilling, 1982

(Seite 183) Nach: All I need – The Burning Hell, 2022

Der verlag die brotsuppe wird vom Bundesamt für
Kultur mit einer Förderprämie für die Jahre 2016–2024
unterstützt.

www.diebrotsuppe.ch
ISBN 978-3-03867-093-3